人生を変える
新しい整理整頓術

人間関係のおかたづけ

堀内恭隆

KADOKAWA

はじめに

人間関係の悩みが一気にかたづく方法とは

私はよくセミナーや講演会の冒頭でこう言います。

「私、みなさんに1ミリも興味がないんです！」

すると受講者のみなさん、爆笑されます。

でもこれは決してウケを狙っているわけでもなんでもないんです（ちょっとは狙ってるけど〈笑〉）。

もちろんみなさんが集まってくださったことは、心からありがたく思いますし、どのセミナー・講演会でも私は自分のできうる限り、マックスの力を出し切ります。

ですが、それと、**目の前の受講者の方々のプライベートや人生に興味があるかどう**

かは別の話です。

集まってくださったみなさんがどこに住んでいるかとか、どんな暮らしをしているかとか、さらに言えばその人がいい人だろうが悪い人（？）だろうが、特に関心がありません。

つまり、どんな人であってもいいのです。友人や恋人なら「こんな人がいい」という好みがあるかもしれません。ですが、受講者の方々にはそれがないので「どんな人でもいい」。大胆に言い換えれば、「どんな人でもいい＝どうでもいい」。

なぜこんなことを言うのかというと、「どうでもいい人」と「そうでない人」を仕分けることこそが、人間関係の悩みを解消するための最強のスキルとなるからです。

本書を手に取ってくださった方は、多かれ少なかれ人間関係に悩んでいるのではないかと思います。

人間関係の悩みはいろいろあるけれど、根っこはすごくシンプルです。

それは「どうでもいい人」と「そうでない人」をごっちゃにしてしまって、「どうでもいい人」も大事にしようとしてしまうことなのです。

頻繁に会うことのない、またあなたの人生に深く関わる可能性の低い「どうでもいい人」にも、「そうでない人」と同じようにいい顔をしようとしたり、時間を使おうとするから人生は苦しくなるのです。

「どうでもいい人」のためにがんばらなくていいのです。

それさえ認めてしまえば、ものすごく気持ちがラクになります。

人と関わるということは、人生の時間をその人のために使うということです。

あなたは「どうでもいい人」に対して、大切な人生の時間を使いたいですか？　もちろんＮＯでしょう。

そのためにはまず、**自分のために時間を使うこと。心から付き合いたいと思う人と過ごす、やりたいことを優先するというように、「自分のため」を人生の中心に置く**のです。

そうすると、当然ですが、付き合いたくない人に使う時間は少なくなっていきます。行きたくない飲み会に参加するとか、気の乗らないランチに行く時間もなくなります。

時間は有限なのです。

では、どうすれば「どうでもいい人」への関わりを減らすことができるのでしょうか。

答えはひとつ、**人間関係をかたづけてしまえばいい**のです。

でも**ほとんどの人は人間関係の仕分けや整理の仕方がわかっていません。**それは誰も教えてくれないからです。

本書はこの人間関係のおかたづけをレクチャーする、史上初の本だと思います。

本書では**人間関係を「3つの箱」に仕分け**ます。これによって一見複雑に見える人間関係も、霧が晴れたようにスッキリ見渡せるようになるでしょう。

- ソリの合わない同僚
- 単なるお客さん
- パワハラ気味の上司
- あなたに過干渉してくる友達

こういう人はもちろん**「どうでもいい人」**です。

「どうでもいい人」と「そうでない人」を仕分けするのは、それぞれの付き合い方があるからです。

「どうでもいい人」にはどうでもいい人バージョンの付き合い方をすればいいのです。

もちろん、相手を無視するとか、「お前とは金輪際付き合わない！」と正面切って絶交宣言をするとか、いきなりＬＩＮＥをブロックするようなものではありません。

相手はまったく気づかないうちに、自然に距離がとれる方法です。

この「人間関係のおかたづけ」の最大のメリットは、相手を変えようとしたり、相手との関係を断ったりしなくてもいいことです。自分の中で「箱」をつくって、仕分けをするだけでいい。もちろんそんな「箱」の存在を相手に知られることはありません。

でも人生がガラッと大きく変わるほど、すごい効果がある方法です。

悩みやストレスのほとんどは、元をたどれば「人間関係」です。心理学者のアドラーは**「すべての悩みは対人関係の悩み」**と言っています。

たとえば、仕事の悩みもつきつめれば「上司との折り合いが悪い」だったり、「お客さんから理不尽な要求をされて困っている」だったりします。

お金の悩みだって「人と比べて年収が低い」だったりするし、容姿の悩みも「人から若く、美しく見られたい」ということだったりするわけです。

要は、ほとんどすべての悩みに人間関係が関わっているということです。

裏を返すと、**人間関係の悩みが消えたら、ほとんどの悩みも消えてしまう**とも言えるのです。

そして、**人間関係の仕分けや整理ができるようになればなるほど、不思議と出会いそのものにも恵まれる**ようになっていきます。

心がどんどん軽く、前向きになっていくはずです。

その意味では、本書は**読むだけで気持ちが明るくなる、心のサプリ**みたいなものだと思います。

どうぞ楽しんで読み進めてください。

本書の構成について

本書は６つのパートから成り立っています。

●Chapter1では、なぜ人間関係のおかたづけが必要なのかという話をします。人間関係で非常に苦労した私自身の体験も述べています。

●Chapter2では、どのように「人間関係のおかたづけ」を行えばいいのか、具体的に述べていきます。

●Chapter3では、Chapter2で仕分けした人たちとの付き合い方を述べます。

●Chapter4では、おかたづけをすることでどんな新しい人間関係が築けるか、どんな人生が開けるかについて述べます。

●Chapter5はケーススタディです。「こういうときはこうする」という例を挙げてかたづけ方を実際に使えるように理解していただきます。

●Chapter6では、あなたの人生にとってキーパーソンとなる「運命的な関係の人」との出会い、関係性について述べていきます。

CONTENTS

Chapter 1

人間関係の おかたづけをしよう

はじめに　人間関係の悩みが一気にかたづく方法とは……2
本書の構成について……8
私たちの悩みは人間関係が9割……18
Work
あなたが「かたづけたい人間関係」は？……22
つらい人間関係からは逃げるに限る！……24
私のリアルヒストリー①～打ち砕かれた夢～……28
私のリアルヒストリー②～社会のラットレース～……32
やってみた！「人間関係ゼロ・リセット」……35

Chapter 2

やってみよう！「人間関係のおかたづけ」

・手持ちの「箱」はどんな箱？ 48
Work あなたはどんな「関係の箱」を持っているか 54
・「箱」の使い方を間違えないために 56
Work あなたの持つ「箱のルール」とは？ 62
・イヤな人、嫌いな人に出会うのも必然 64
・自分の「箱」を直視する勇気 70
・新しい箱で新しい一歩を踏み出そう 74
・仕分けにつまずいたときの打開策 81
Work あなたの人間関係を「3つの箱」に仕分けしよう！ 87

Chapter 3

あなたの人生を変える「3つの箱」の人の扱い方

「3つの箱」の人たちと豊かな関係を結ぶために 90
「どうでもいい箱」の人との付き合い方 91
「どうでもいい箱」の人との接点を減らすコツ 95
「どうでもいい箱」にも意味がある 100
「一緒に過ごしたい箱」の人との付き合い方 103
「理由なく惹かれる箱」の人との付き合い方 110
「恋愛の箱」について 118
Column 私も「人間関係のおかたづけ」をやってみました！ 123

Chapter

4

「新しい箱」がつくり出すストレスフリーな人間関係

● 仕分けすると見えてくる意外なモノ …… 128
● 身近な人たちとの心の距離の変化 …… 132
● 「自分基準」で生きていく …… 136
● キャラ変成功のカギ …… 140
● 人生にとって豊かな人間関係を紡いでいこう …… 144

Chapter 5

「人間関係のおかたづけ」ケーススタディ

おかたづけをより深く理解しよう 150
自分のこと 151
義理の付き合い・社会的な付き合い 154
仕事関係 164
友達・グループ 168
子ども・家族 172
恋愛・特別な関係 176

Chapter 6

あなたの人生が劇的に変わる運命的な関係の人

- 思いもよらぬ出会いがあなたを待っている …… 180
- 運命を形にするために知っておいてほしいこと …… 185
- 「そのとき」を逃さずしっかりつかむ …… 190

Column
私も「人間関係のおかたづけ」をやってみました！ …… 193

おわりに …… 203

編集協力　高橋扶美
ブックデザイン　岩永香穂（MOAI）
装画　白根ゆたんぽ
本文イラスト　AZ
DTP　荒木香樹
編　集　尾小山友香（KADOKAWA）

Chapter 1

人間関係のおかたづけをしよう

私たちの悩みは人間関係が9割

「ねばならない」が悩みをつくり出す

「あの上司は必ずイヤミを言ってくるからイヤな気分になる」

「近所の人は会うといつも愚痴を聞かされるから疲れちゃう」

「PTAで一緒になるママ友は自慢話ばかりするから面倒くさい」


人間関係の悩みにはいろいろあります。

でもどのような悩みも構造はごくシンプルです。

それは**「相手そのもの」が悩みの原因ではなく、「相手の言動」にこそ、悩みの大元がある**ということ。

「この人はイライラする」「この人は嫌い」「あの人といると耐えられない」というとき、
つきつめれば多くの場合、「相手がイヤなことを言ってくる」「失礼な態度をとってくる」「不愉快な行動をする」というふうに、**「相手の言動」が焦点となっているのです。**

つまり上司や近所の人、ママ友自体がイヤなのではないはずです。

これをさらに深掘りしてみると、結局、**問題は「自分」にある**ことに気づきます。

よくよく考えてみてください。

「あの上司はイヤミを言ってくるけれど、上司だから尊重しなければいけない」

「身近な人は自分と合わなくても大切にしなければいけない」

「不愉快に思ってもそれを顔に出してはいけない。笑顔で接しないといけない」

こんなふうに思っているのではないでしょうか。

「この関係に対しては、こう振る舞わねばならない」という思い込みが、人間関係の悩みを生み出してしまっているのです。

もちろんそれは「人間関係の悩みはあなたのせい」「あなたがひどい目に遭っているのはあなたに原因がある」という話ではありません。

あなたのせいではなく、あくまで「仕組み」の問題なのです。

悩み解決の「秘伝」、教えます

人間関係に悩んだとき、私たちは多くの場合、2つの方法のどちらかを選ぶと思います。

- 相手との関係を断つ・相手から逃げ出す
- 相手を変えようとする

でも「相手を変えようとする」のは容易ではありません。ほぼ無理と言ってもいいでしょう。「相手との関係を断つ」のは確かに有効です。ただ、**それを簡単にできれば悩みにはならない**わけです。

「あの上司は苦手だけど仕事は変えられない」「近所の人にはできるだけ会いたくないけど、引っ越すわけにもいかない」というように、関

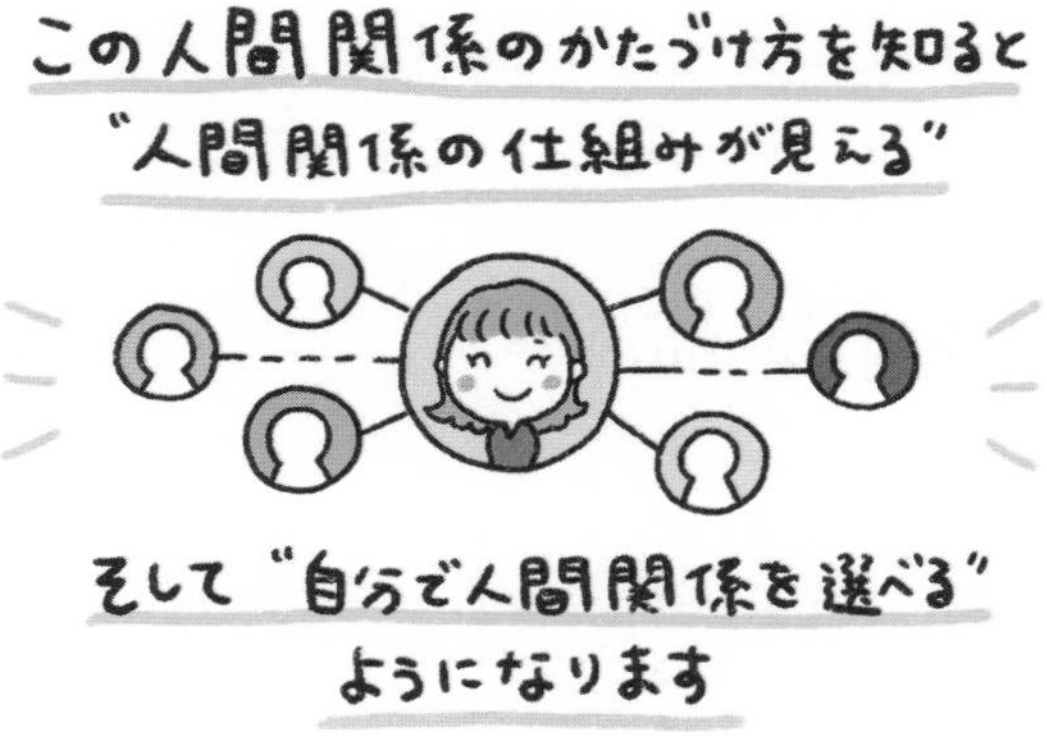
この人間関係のかたづけ方を知ると
“人間関係の仕組みが見える”
そして“自分で人間関係を選べる”
ようになります

係を断つことができないから困っているのではないでしょうか。

本書でお伝えするのは「第3の方法」、「人間関係のおかたづけ」です。

人間関係をかたづけると言っても、関係をゼロにするのではありません。

「自分自身の意識やものの捉え方を変える」ことによって、**人間関係をかたづける**のです。

この方法を実践しているうちに、現実世界で起きているほとんどの問題は、「相手ではなく**自分の問題である」ということが自然とわかってきます。**

さらには、**相手の態度が面白いように変化していく**という現象を目の当たりにするはずです。

Work

あなたが「かたづけたい人間関係」は？

さあ、ここからいよいよあなたの「人間関係のおかたづけ」をスタートします。

まずはあなたを「人間関係のおかたづけをしてみたい！」という状態にしていきます。

もしも、「人間関係をかたづけるとよくないんじゃないか」「悪いことをやっているのではないのか」「そんなことをしたら大変なことが起きる」といったイメージを引きずっていたら、思い切ってできません。

でも、人間関係がスッキリしたら人生が明るくなる、楽しくなる、ハッピーになるといった実感を得られると、積極的に、しかも楽しんで進められます。

そのイメージがあなたの中にできると、今後の人生で、いつでも気楽に、自由に人間関係を選べるようになります。

1 あなたにとって「かたづけたい人間関係」は何でしょう？「同僚のAさん」「親戚のBさん」「あのプロジェクトの人すべて」「プライベートに干渉してくるCさんとDさん」など、何でもかまいません。思いつく限り書き出してみてください。

2

もし人間関係のおかたづけができてしまったら、人生はどうなるでしょうか？　なるべくリアルにイメージしてみてください。思いつく限りたくさん書き出してかまいません。

つらい人間関係からは逃げるに限る！

「箱理論」でしんどい相手を遠ざけよう

本書で提唱する「人間関係のおかたづけ」は、人間関係の「仕組み」を利用して、「自分にとってしんどい相手」「居心地の悪い相手」とは距離を置き、「居心地がいい人」とだけ深く繋がっていくという方法です。

自分にとって**しんどい相手は、境界線の向こう側にいてもらって、こちら側にはみ出してこなければいい**わけです。それは自分でコントロールできるのです。

このやり方がわかってくると、**人間関係は断**

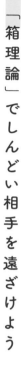

然ラクになります。

「そんな都合のいいことができるのか」と思われるかもしれませんが、それこそが本書でお伝えする「箱理論」のポイントです。

気遣いの量は心理的な距離の長さに比例する

「人間関係をかたづけるなんて、人として正しくない」と思うかもしれませんが、そうではないのです。

人間関係をかたづけることで、相手を尊重することができるようになります。

私たちは往々にして、身近な人、心を開いた人に対してはコミュニケーションが少々雑になってしまうところがあります。

たとえば、恋愛で考えてみましょう。

付き合いはじめた当初はすごく気を使っていて、頻繁にメッセージのやりとりや電話をしたりしますよね。デートも事前にいろんなお店を調べて予約をしたり。

でも付き合って1年、2年、3年と経つうちに、連絡も密ではなくなり、お店選びも記念日でもない限りはそんなに気張らなくなってきます。

それが悪いというわけではありません。「距離が近い」とはそういうことなのです。

逆に言えば、距離が遠ければ、その分「気を使う」。相手はあなたに対して気を使って、必要以上に踏み込んできません。

つまり、苦手な相手とはそういう関係を築けばいいのです。

そして**自分にとって居心地のいい相手とだけ心を開いて繋がっていけばいい**わけです。

それを可能にするのが「箱理論」です。

キャパオーバーに気づいていますか？

ロビン・ダンバーというイギリスの人類学者の研究に、「人間の脳の大きさから考えると、安定的に人間関係が結べる限界は約150人」というものがあります。

この数を**「ダンバー数」**といい、ダンバーは人間関係を「4つの層」に分類しています。

第0層　大親友（約5人）　人生の危機に駆けつけてくれる、本当のピンチのときにお金を貸してくれる、秘密を打ち明ける関係

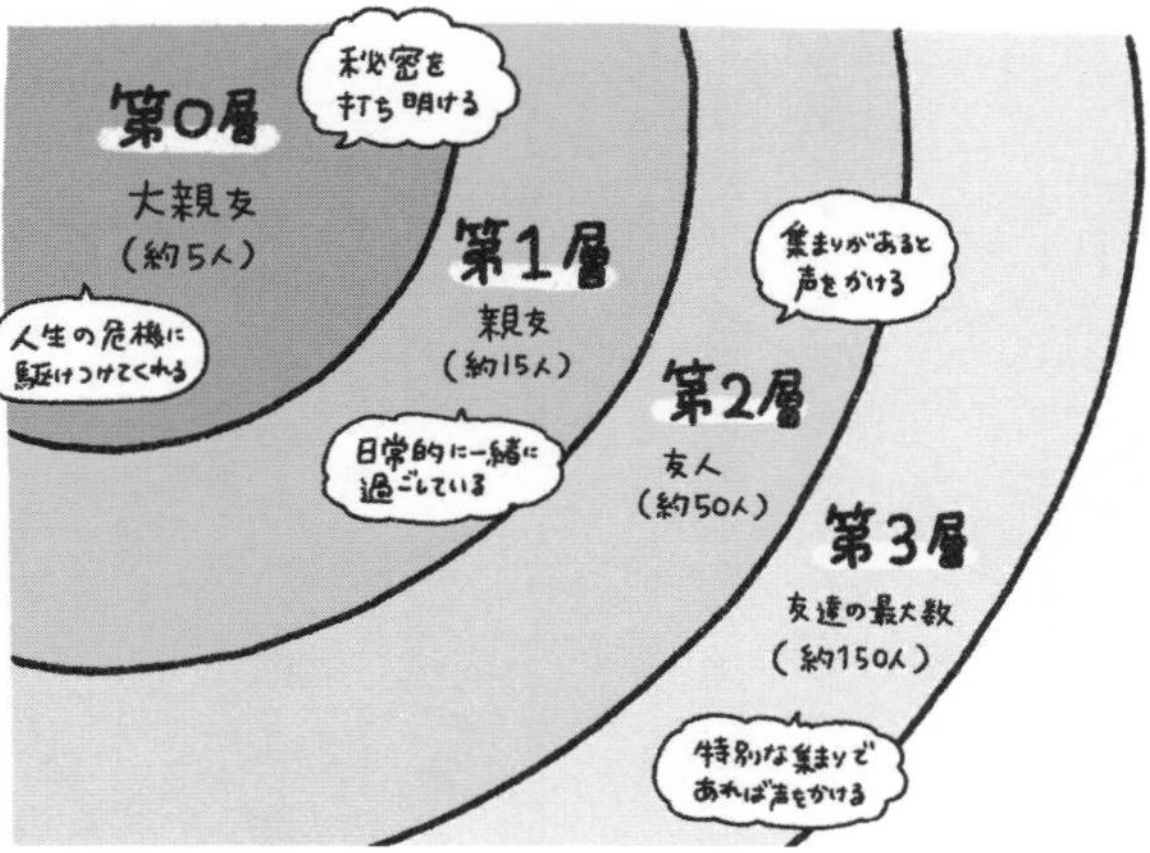

第1層　親友（約15人）　日常的に一緒に過ごしている仲間
第2層　友達（約50人）　集まりがあると声をかける友達
第3層　友達の最大数（約150人）　特別な集まりであれば声をかける友達

となっています。

あなたは、スマホのアドレス帳に何人登録していますか？　数百人、あるいは1000人を超える方もいるかもしれません。

現代社会はSNSの発達もあって、**人間関係の範囲が肥大してキャパオーバーになってしまっている**のです。

だからこそ「おかたづけ」が必要となってくるのです。

私のリアルヒストリー①～打ち砕かれた夢～

「おかたづけ」の効能は身をもって証明済み

今の私は、人間関係に悩むことがほとんどありません。人間関係が有意義なものになったので、積極的に、しかも自分の都合のいいように人間関係を調整できるようになっています。

家族とも仕事仲間とも友達とも、ストレスではなく楽しさを生み出すような関係性が築けていて、そこから仕事も広がっていくし、どんどんいいシンクロも起きています。

たとえば、この本は、ライブ配信を行ったときに、視聴者の方と一緒に話していく中でアイデアとしてまとまったものがベースになっています。

本書の担当編集者であるＫＡＤＯＫＡＷＡの尾小山さんとも、友達のように仲がよくて、打ち合わせなども和気あいあいと盛り上がっています。

ほかのプロジェクトや企画なども、「堀内と一緒に何かをしたい」という人と共につくっているものばかりです。

何においても、仕事なのか遊びなのか区別がつかないくらい楽しく進めています。

本音をひた隠しにしていた過去

では、私はたまたま運よく、好きな人、いい感じの人とばかり出会ってきたのでしょうか。

そうではありません。

以前の私は人間関係に苦労しまくっていました。後に述べるように、いじめに遭ったこともあります。

子どもの頃から自分が人からどう見られているかを常に気にしていて、**人に嫌われたくない、変な人と思われたくないという思いに縛られていました。**

人に嫌われると、自分の存在価値がなくなってしまうような気がしていたのです。

人の顔色を窺《うかが》って、自分の本音や気持ちを言うことができませんでした。

たとえば「将来、何したい？」と聞かれたときは、自分の本音ではなく、人から「それはいいね」「素敵だね」と言われるようなことを口にしていました。

本当にしたいことを言って、「変なやつ」「気持ち悪いやつ」と思われたくなかったのです。

チャレンジすらせずに諦めた夢

私は絵を描くことが好きでした。

小学生の頃は普通に「絵が好き」と言えました。絵を描くと、クラスの友達が「いいね」とほめてくれたので、楽しかったのです。

中学・高校と進学していくうちに、漫画やアニメの絵が好きになったのですが、当時、それらはオタクっぽい、気持ち悪いと思われていたところがありました。それを過剰に気にして、隠れてこっそり描くようになりました。もちろん親にも内緒です。

将来は美大に進みたいと思うようになりましたが、とても親には言えませんでした。親も、絵や芸術に理解があるわけではなく、「絵を描いているヒマがあったら勉強しなさい」という雰囲気でした。だから、勉強しているふりをして絵を描いていたのです。

でも、高校3年になると進路を決めなくてはなりません。なかなか親に自分の気持ちを伝えられず、秋も過ぎて「そろそろ願書を」というときになってはじめて「美大を受験したい」と切り出しました。

親はビックリです。それまで一言も「美大を受けたい」「絵に興味がある」なんて言ったことのない息子が、突然そんなことを言い出したのですから。

結局、猛反対されて、美大を受験することを諦めました。

人目を気にして、人の評価に縛られた結果、私は進路を見失ったのです。

そこから方向転換をして文系の大学を目指したのですが、第一志望には落ちてしまい、合格できた大学に行くことになりました。

そんなスタートだったので大学生活はちっともやる気が起きず、自分が何をやりたいのか、将来どうしたいのか悩んだまま、卒業を迎えました。

私のリアルヒストリー②〜社会のラットレース〜

一生、人目を気にして生きていくなんて……

大学卒業後はSE（システムエンジニア）として就職したのですが、**会社員になってもずっと誰かの評価を気にする日々**でした。

がんばって仕事をして評価してもらえてはじめて、自分の好きなことができるという思い込みがありました。評価が上がれば発言権が得られ、上司に対してもモノが言えるし、部下の指導もできると思っていたのです。

ですが、その考え方では、**上の立場の人がいる限り、いつまでも「評価の中」から抜け出せない**のです。

本当にやりたいことをやるなら、課長、部長、事業部長、取締役、そして社長へと出世していく必要があります。まるでラットレースです。

自分はこれから先40年、下手をすれば50年、ずっと誰かの評価、監視の目の中でがんじがらめの日々を過ごすのか……。

ということは、一生自由になれないじゃないか……。

入社して1年ほどでこのことに気がついたときは、絶望する思いでした。

逃げた先でも自由になれない

「このままではいけない」という強烈な危機意識を持った私は、「評価する人がいない世界に行こう」と、会社を辞めて独立したのです。

ところが独立したら、別の「人間関係」の悩みが私を待っていました。

運よく、独立してすぐに大きな会社のプロジェクトを契約することができたのですが、現実はその会社の社員さんに「使われる」立場です。

独立して上司はいなくなったけれど、今度はお客さんからの評価を得られないとお金が入ってこない。会社を辞めても他人の評価から逃れられなかったのです。

やるべきことは山積み、やりたいことはひとつもない

そんなある日、ふとした思いつきで、当時関わっている仕事やプロジェクトを全部

書き出してみたのです。

それらの中で自分のやりたいことは何か、考えてみました。

目を疑いました。その中にやりたいことがひとつもなかったのです。

当時、独立して2年が経っていました。毎日必死で取り組んでいた仕事は、自分が自発的にやりたいことではなく、人から頼まれて、特にやりたくもないのにやっていたものばかりだったのです。

自分の行動の原理が、「誰かに期待されたことに応える」「誰かが評価してくれることをクリアしていく」というものでしかなかったことに気づき、愕然《がくぜん》としました。

要は人からの評価が、私の人生のすべてだったのです。

環境を変えても人間関係のしがらみや枠から飛び出すことができない……。私はかなり精神的に追いつめられていきました。

そして、その思いが爆発することになります。

やってみた！「人間関係ゼロ・リセット」

大切なのは、たったの14人だった

ある朝、起きたときに、布団の中で何かに押しつぶされそうな感覚があって身動きが取れず、苦しくなりました。

「うーん、うーん」と唸《うな》るしかなくて、「もう無理だ！」と思った瞬間、何かがパーンと弾け飛んだのです。

「もう、こんな人生はイヤだ！」

「絶対に、金輪際、二度とこんな目に遭いたくない！」

「全部捨ててしまおう！」

心の声が叫んでいました。

ようやく起き上がった私は、**猛然と「全捨離」に取り掛かりました。**

今やっていること、関わっていることを全部捨ててゼロにしようと決めたのです。

まず、スマホの電話帳。当時は登録件数が400件以上あったのですが、**徹底的に削除**しました。

削除の基準は、「半年間1回も連絡をしていない人」。半年間連絡しないのならば、その先も連絡しない可能性が高いからです。

そのルールに基づき、1件1件確認しながら次々と削除していきました。

半年間連絡をしていなかった人の中には、父親もいました。

さすがに、父親の携帯番号を削除するのは迷いました。父親とは特別に仲がいいというわけではないけれど、決して不仲ではありません。実家にも定期的に帰っていて、会えば普通に会話します。

でも、このときの基準は「半年間1回も連絡をしていない人」。自分で決めたことに従って、父親の番号も消しました。

同じように、弟の携帯番号も削除しました。従兄弟やおじ、おばといった親戚も、半年間連絡をしていない人はすべて削除しました。

中学・高校時代、大学時代の友達、会社員時代の同僚や上司、独立してからお客さんとなった人も、「半年ルール」で削除。


その結果、残された番号はたった「14件」でした。

その日以降の予定をすべて白紙に

次に、**パソコンのカレンダーに入れているスケジュールをすべて白紙**にすることにしました。

自分の意思なのか他人の都合なのかわからない予定で埋め尽くされていることに、気分が悪くなったからです。

打ち合わせはすべてキャンセル、人と会う約束も全部キャンセルしました。

ここで関係が終わるような相手なら、そこまでのご縁で、本当にお互いに大切な関係であるならば、縁は切れないだろうと思ったのです。

まわりにも「1ヶ月はメールも見ません」と宣言して、新しい予定も入れないようにしました。

そのときの私の状態では、また相手の要望を受け入れてしまうだろうし、本当に自分を必要とする緊急事態であれば、何度も連絡がくるだろうと考えたからです。

SNSの呪縛から解き放たれた

SNSのアプリもすべてスマホから削除し、パソコンのブックマークからも削除しました。

メッセンジャーソフトやメールソフトも削除しました。

当時の私は、朝起きたらまっさきにスマホのSNSアプリを立ち上げていました。するると、自然と誰かの動向が目に入ってきます。

SNSもメールも「他人の」通知や情報。それに反応して自分も動くのです。**これが、他人に人生をコントロールされる原因**だと考えました。

そもそも、既読スルーをしてはいけないとか、メールに返信しないといけないとか、法律で決まっているわけではありません。他人が勝手に要求しているものですし、自分がそうしなければならないと思い込んでいるだけです。

そんなことに従う必要はないし、どうしても私とコンタクトを取りたいという人がいれば、どんな手段を使っても連絡をしてくるだろうと判断しました。

涙をのんで手放した品々

名刺も全部捨てました。1枚残らずです。 人間関係を全部手放すのであれば、名刺はいりません。

中には、お世話になった人もいれば、重要な取引先の方もいたのですが、捨てました。

名刺を見ないと連絡先がわからないような人には、こちらから連絡することはないだろうと考えたからです。

そして電子メール。**メールソフトに登録しているメールアドレスもすべて削除**しました。

受信してから1年以上経っているメールについても全部削除しました。1年以上経過したメールを読むことはまずないからです。

過去の写真も全部捨てました。 子どもの頃から高校、大学時代のサークルの写真など、すべてです。

手紙も捨てました。机の中にしまっておいた、友達からの手紙、親や親戚にもらった手紙も全部捨てました。

人からもらった**プレゼントや思い出の品、お土産なども捨てました。**

プレゼントやお土産は「せっかくもらったから」「捨ててしまったら悪いから」「手づくりだから」という理由で、使っていないもの、趣味に合わないものでも取ってあったのです。

前の職場を辞めるときにみんなに書いてもらった色紙も、捨てるのは心苦しかったのですが、捨てました。

自分のことを考える心のスペースができた

こうして携帯番号、メール、写真、手紙、思い出の品を徹底的に捨てた結果……、**ものすごくスッキリしました。めちゃめちゃ心が軽くなったのです。**

そしてそれ以上に大きかったのは、**「本当に自分にとって必要な関係」がはっきり見えるようになった**ことです。

相手が何をしてほしいのか　ではなく　自分がどうしたいのか

「この人は削除できない、自分にとって大事な人だ」というのがわかったのです。

自分にとって「どうでもいい人」と「そうでない人」を仕分けすることができたのです。

まさに**人間関係のおかたづけ**です。

もう二度と、本当に必要なもの以外は自分の中に入れないと決めました。

あらたな人との出会いがあったときは、「この人とはこういう関係にしていこう」とか、「この人とは一緒にこれをやろう」と、最初にある程度の付き合い方の基準を決められるようになりました。

誰でも彼でも自分の中に入れるのではなく、一定の距離を保って付き合うようになったのです。

すると不思議なことが起こりました。

心の中にスペースが生まれて、余裕を持てるようになったのです。

それまで、私にとっての人間関係は「何かを要求されること」「期待されること」でしかありませんでした。

しかし、**「相手が何をしてほしいのか」ではなく、「自分がどうしたいのか」という視点で見ることができるようになった**のです。

これができたとき、私の人間関係は一気にラクになりました。

相手はそれまで通りの感覚でこちらに接しているはずですが、**自分が変わったことで、断然、人と付き合いやすくなった**のです。

ゼロ・リセットしてもまったく困らない

このゼロ・リセットの話をすると、「そんな大胆に連絡先などを削除して、困らなかったのか」と聞かれます。

結論から言って、まったく困りませんでした。

そのせいでお付き合いがなくなった人は、ほとんどいなかったのです。

ちょっと補足をすると、私が連絡先を削除したことを相手は知りません。いわゆるＬＩＮＥの「ブロック」とは違うわけです。

あくまで「私から連絡をとらない」というだけで、ご縁を切ったわけではありません。

だから、学生時代の友達とも会いたければ会いますし、実家にも帰ります。両親とも仲良く話しますし、仕事はムダがなくなって、むしろ順調になりました。

一度だけ、大学時代の親友から電話がかかってきたときに、困ったことがありました。彼は、大学時代によく泊まりに来ていましたし、一緒に遊びに行ったり、アルバイトの面接も一緒に受けたりした親しい友人です。

ですが、卒業して10年も経つと、電話もめったにしなくなります。だから、携帯番号を削除してしまいました。

電話がかかってきたときに誰かわからず「えーっと、誰ですか？」という反応をしてしまい、彼は「え、オレがわからないの？」とギョッとした様子。その声を聞いて

「ああ、I君か！」と思い出して事なきを得ました。

「やりすぎ」を経たからこそ気づけたこと

ゼロ・リセットをしてめちゃめちゃ身軽になった私ですが、今となっては、**ここまで手放すのはさすがにやりすぎだった**と思っています。

人間関係でがんじがらめになって苦しくなっている状態から抜け出せればいいのであって、ここまでせずとも、「自分の中での関係の定義」を変えればいいのです。

この「自分の中」というのがポイントです。

相手に**「あなたとの関係をこのように変えます」「あなたとは今後こういう付き合い方にします」**などと宣言する必要はまったくありません。

自分が変わることによって、相手は変わらなくても付き合いやすくなるのです。

自分の中で関係を見直し設定を変えるだけで、人間関係そのものが変わっていくのです。

「3つの箱」ですべてが解決できる

この経験をもとにやり方を整理して、誰でもすぐに取り掛かれるようにシンプルにまとめ直したのが「箱理論」です。

「箱理論」は、人間関係を「3つの箱」に入れておかたづけするというもの。

この「箱理論」の最大の特徴は、実際の人間関係を解消したり、手放したりしなくてもいいところです。

現実世界でぎくしゃくすることなく、自分の中だけで人間関係をかたづけられるのです。自分の中での受け取り方や気持ちが変わるだけです。

相手は、まさか自分がかたづけられたなんて気づきません。

でも面白いことに、自分の気持ちや受け取り方が変わると、相手の態度も変わってくるのです。

「箱理論」とはどんなものか、どのように人間関係をかたづければいいのか、次のＣｈａｐｔｅｒでご紹介しましょう。

ワンポイントレッスン

1

この1ヶ月で主に取り組んでいること、やったこと、関わったこと、活動、作業などを書き出してみてください。

2

書き出したもののうち、「仕方なくやっているもの」「義務でやっているもの」「人に言われたからやっているもの」に丸をつけてください。それらを眺めると何を感じるでしょう?

Chapter 2

やってみよう！「人間関係のおかたづけ」

手持ちの「箱」はどんな箱？

生きていると際限なく「箱」は増えていく

私たちは人を「関係の箱」に入れています

私たちは無意識のうちに、人を「関係の箱」に仕分けしています。

「この人は私の父親」「この人は私の上司」「この人は私の部下」「この人は私のお客さん」「この人は私の子ども」というように、「ラベル」を貼って箱に仕分けしているのです。

そして、成長とともに新しい箱が増えていきます。

まず、人生で最初に出会う両親を見て、「人間の箱」「社会の箱」「夫婦の箱」をつくります。

「関係の箱」にはラベルが貼ってあります

父親を見て「夫の箱」「父親の箱」をつくり、母親を見て「妻の箱」「母親の箱」をつくっていきます。

学校に通うようになると「友達の箱」がつくられ、「学校の先生の箱」がつくられていきます。

社会に出てからは、「同僚の箱」「上司の箱」「お客さんの箱」など、どんどん新しくつくられていきます。

結婚すると、それまで付き合っていた人を「夫の箱」や「妻の箱」に入れます。「子ども」という箱もできるかもしれませんし、「義理の親」「義理のきょうだい」という箱もできるでしょう。

知らない人も箱に入れています。「他人の箱」というのがあるのです。

あなたの「箱のルール」とは？

「関係の箱」には誰かがつくったルールがあります
一緒にいるものだ 助け合うものだ
みんなと仲良くするべき 不機嫌になってはいけない
特別な相手である ひとりだけである
目上の人は尊重する 部下を守るものだ
家族
友達
恋人
上司
地域
親
社会

箱に入れた相手に対しては、接し方のルール、その「箱のルール」があります。

「同僚の箱」に入れた相手にはこういう形で接する、「上司の箱」の人だったらこういうふうに接する、「パートナーの箱」の人に対しては、「子どもの箱」の人に対しては……といった具合です。

「箱のルール」は、**実は多くの場合、最初から決まっています。**

「夫の箱」「妻の箱」には、結婚する前の段階ですでに、「夫とは、妻とは、こういうものである」という定義が紐づいています。

さらに「夫の箱」「妻の箱」に入れた人に対しては、こういうふうに振る舞わなきゃいけない、こういうことをやってあげなきゃいけない、こういうふうに喜ばせなきゃいけない、という「夫の箱のルール」「妻の箱のルール」があります。

その**ルールありきで関係ができていく**のです。

「上司の箱」にも、「こういう態度で接しないといけない」「このように言われたらこのように応えなければいけない」といったルールがあります。

もちろん、「他人の箱」の人には「他人の箱のルール」で対応しています。

「箱のルール」が私たちを苦しめている

この「箱のルール」は、大きな問題をはらんでいます。

それは**個別の人柄、人間性、その人の持つ価値観や世界観といったものを見ることなく、「相手を入れた箱」のルールに囚《とら》われてしまうこと**です。

「お客さんの箱」で考えてみましょう。

ある人が仕事でお客さんになってくれたとします。その人は当然、「お客さんの箱」

に入れられます。「お客さんの箱に入れた人はこういうふうに扱わねばならない」というルールがあるので、それに従って対応します。

すると、**その人がどんな性格であろうが、どんな価値観を持っていようが、「お客さん」としてしか見ることができなくなってしまう**のです。

その人自身ではなく、その「箱」の構成員としてしかその人を見られないのです。

社会人になるとどんどん箱が増えていきます。箱に振り分ける際の判断材料に、「相手の性格」「自分と合う・合わない」は入っていません。

するとどうなるか。

- **あなたにとって合わない人**
- **意地悪な人**
- **イヤな人**
- **苦手な人**

こういったネガティブな感情を持つ相手もひとつの箱に入ってしまい、あとから移

多くの場合、相手をひとつではなく複数の箱に入れています

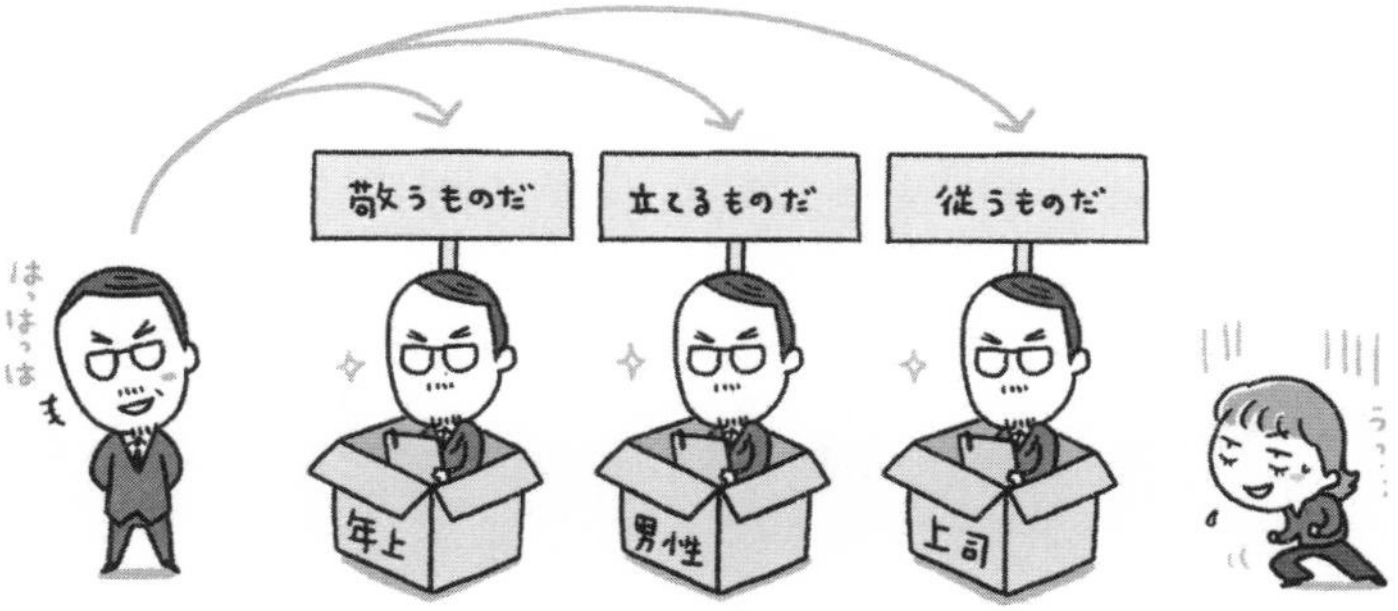
はっはっは
敬うものだ
立てるものだ
従うものだ
年上
男性
上司
うっ…

たとえば年上の男性の上司に対して
3つの箱に同時に入れて接している

動させることができないのです。

たとえば、「合わない人」「イヤな人」が「上司の箱」に入っていたとしましょう。

そして、どんなときも「丁寧に扱わねばならない」「ニコニコしなければならない」「言うことに逆らってはいけない」「反発してはいけない」という箱のルールがあるとするとどうでしょう。

これこそが、人間関係においてストレスを感じる最大の理由です。

Work

あなたはどんな「関係の箱」を持っているか

ここで、あなたがどんな「関係の箱」を持っているかを把握してみましょう。

箱は、普段意識されることはありません。多くの場合、私たちは影響を受けて振り回されていることにすら気づいていません。

次のような作業をすることで、「関係の箱」を見える化できます。それによって、箱から距離をおいて対応を選べるようになります。

1 普段あなたが接している代表的な「関係の箱」を書き出してみてください。

・
・
・
・
・

2 書き出した「関係の箱」にどんな人を入れているか、それぞれリストアップしてみてください。

●　●　●　●　●

3 それぞれの箱に対して、どんな印象を持っているでしょう？　それによってどんな影響を受けているでしょう？　思い浮かぶものを書き出してください。

●　●　●　●　●

「箱」の使い方を間違えないために

他人のつくったルールで生きるのをやめませんか？

では、「箱のルール」は、どのようにつくられているのでしょうか。

実は、「箱のルール」のほとんどは、**自分ではなく、親とか学校の先生とか、社会・常識といった「他人がつくったもの」から影響を受けてつくられます。**

「箱のルール」に従うということは、要は**他人のルールで生きている**ということなのです。

他人のルールによって生きていて、他人のルールによって、我慢したり妥協したりしているのです。

●相手がどんなことを言ってもイヤな顔をしてはいけない

●合わない人でも笑顔でいないといけない
●イヤだと思ってもイヤだと言ってはいけない
●遅刻をしてはいけない
●空気を壊してはいけない
●人を嫌ってはいけない
●目上の人には従わないといけない
●仕事でやれと言われたことはやらないといけない
●期待には応えないといけない
●親やきょうだいは大切にしないといけない
●お世話になったらその分を返さないといけない
●困っている人がいたら助けないといけない

これらはすべて他人のルールです。

だから、自由に振る舞えない、しんどい、苦痛で仕方ない、断れない、ということが起こるのです。

頼まれたらイヤだと思っても断れない、世話したくない相手を世話しなきゃいけな

い、苦手な相手にニコニコしていなければいけない、といったことが起きてくるのです。

相手のせいでもなく、自分のせいでもなく、「箱のルールのせい」なのです。

「この箱に入れている人にはこういうことなら言っていい」「この箱の人にはこういうことは言ってはいけない」というルールがあるから、口にできることが変わってしまうのです。

たとえば、上司に対して「それは違います」と意見したいとします。でも、あなたの中に「上司という箱に入れている人には逆らってはいけない」というルールがあると、意見することができません。

「相手そのもの」ではなく、自分の中にある「箱」を見ているからこうなるのです。

私たちは、自分が選んだ「箱のルール」にコントロールされているのです。

「箱」は目には見えませんし、普段は誰も意識していません。

あらたな人間関係が生まれると、自動的に箱に放り込んで、その箱のルールに従って対応します。だから、「なぜ自分はこの人の前だと緊張して萎縮してしまうのか」「なぜ自分を出せないのか、自由に振る舞えないのか」と思っても、理由がわかりません。

逆に、「なぜこの人の前だと自分はラクなんだろう」「なぜこの人には自分を出せるのだろう」と思うときも、やっぱりモヤモヤします。

入れる「箱」を間違えると悩みが増える

同じ相手でも、箱の種類が変わることがあります。

たとえば友達から恋人になって、また友達に戻ったというときです。

この場合、「友達の箱」から「恋人の箱」になり、そこからまた「友達の箱」に入れ直すことになります。

結婚もそうです。

最初は「恋人の箱」に入れていて、次に「妻の箱」「夫の箱」に入れ直します。子どもが生まれたら「母親の箱」「父親の箱」があらたに加わります。

すると「入れた箱の種類」によって接するときのしんどさが変わってくる場合があります。

「友達」としては気楽に振る舞えたのに、「恋人」になってからは関係がストレスになり、別れて「友達」になったらまたラクになったというようなときです。

恋人のときはよかったけれど、結婚して「妻の箱」「夫の箱」に入ってからは関係が苦しくなったとか、ぎくしゃくするようになったというパターンもあります。

相手は鏡です。

相手のせいではありません。**自分の定義する「箱（のルール）」によって、自分が苦しくなったり、疲れたりしてしまう**のです。

Work

あなたの持つ「箱のルール」とは？

では、実際にどんな「箱のルール」があるのかを明らかにしていきましょう。

「箱のルール」は、意識できていない間はどうしようもできないのですが、自覚すると変えることが可能です。

次の質問に答えることで、ルールの内容が浮かび上がってきます。

1 今接している代表的な「関係の箱」は何でしょう？　4つ以上書き出してください。
54ページで書き出したものと同じでもいいし、新しく思いついたものでもOKです。

・・・・・

2 それぞれの「関係の箱」にどんなルールが設定されているでしょう？ それぞれリストアップしてみてください。

・・・・・

イヤな人、嫌いな人に出会うのも必然

「箱」自体がストレスなら、誰が入っても同じ

人間関係の問題は「箱」であって、相手そのものではありません。別の言い方をすれば**「箱」の中身が入れ替わっても、箱のルールがある以上、問題は解決しません。**

たとえば、会社の上司がストレスになっているとしましょう。

その上司が異動になって別の上司が配属されても、その人をまた「上司の箱」に入れてしまったら、やはりストレスフルな関係になってしまうのです。

なぜならば**「上司の箱」自体にストレスになるようなルールや価値観が設定されているから**です。

同様に、「恋人の箱」がストレスになる場合、誰が恋人になってもストレスなので

す。「恋人の箱（のルール）」そのものにストレスがあるからです。

「この人と別れたら、自分はもっと恋愛を楽しめるようになるはず」とその人と別れて、別の人と付き合っても、そこでまた「恋人の箱」に相手を入れてしまうと、苦痛で仕方がなくなります。

恋愛で同じようなパターンを繰り返して失敗する人がいますよね。

女性で言えば、**毎回必ず、いわゆる「だめんず」と付き合ってしまう人。**それは、「恋人の箱」に、「ダメな人を入れる」というルールをつくってしまっているからなのです。

相手がダメなのではなく、「恋人の箱に入れた人はダメなやつだから、ダメなやつに対する対応をしなければいけない」というルールに従って行動してしまっているのです。**その結果、相手が「だめんず」になってしまう**のです。**その「箱」がある限り、その人と別れて別の人と付き合っても同じことを繰り返してしまう**でしょう。

なぜ、あなたの上司はいつも感じが悪いのか

たとえばあなたが「目上の人の箱」を持っているとします。その箱に対して、「目上の人には逆らってはいけない」「目上の人の言うことは絶対である」といったルールを紐づけているとします。するとその相手には逆らえず、しかも相手が強い言葉で命令しているように思えてしまいます。

相手が「これをやるかどうかは君の意思で決めてほしいんだけど、どう?」という言い方であなたの意思を確認してきたとしましょう。

他の人にとっては普通の言い方にしか聞こえませんが、あなたには「相手に逆らってはいけない」というルールがあるため、「やりなさい!」と高圧的に命令されているように聞こえてしまうのです。

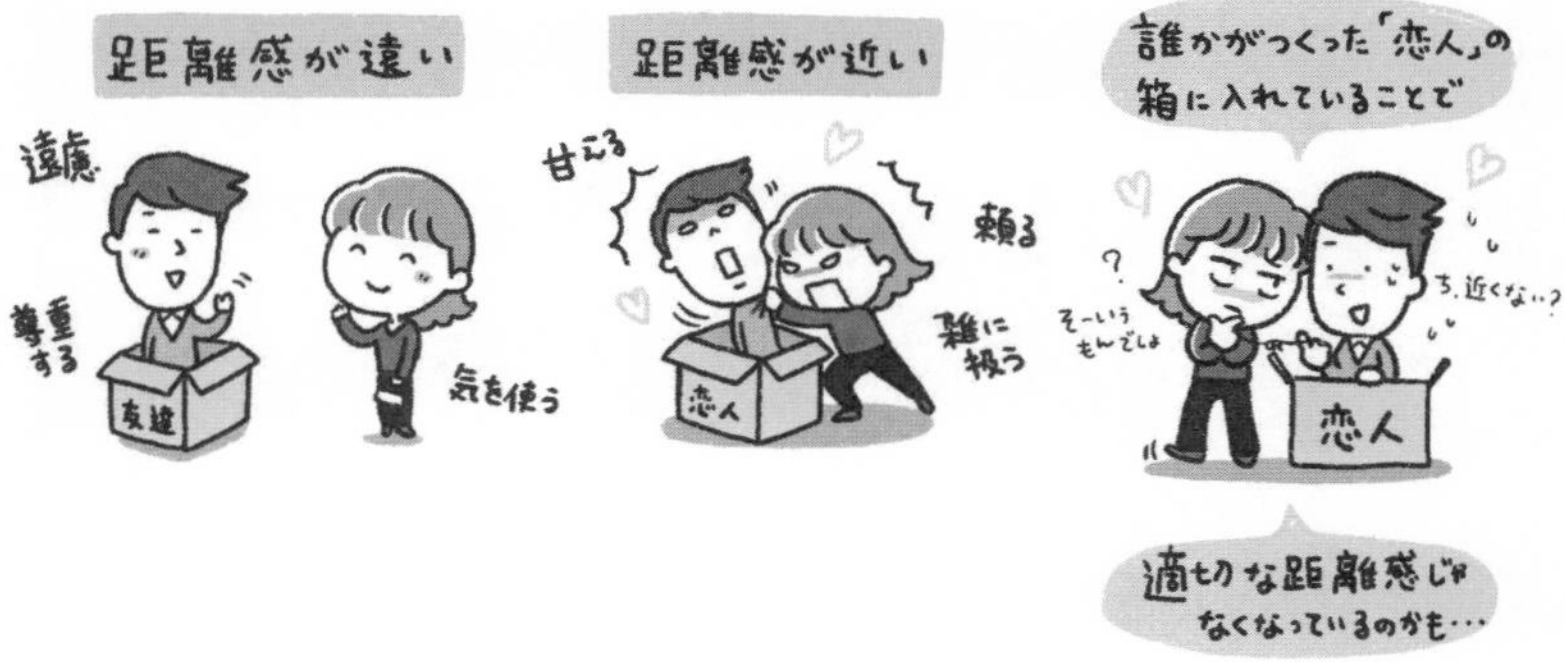

あなたにとってその人は乱暴な言葉遣いの人、強引で圧の強い人にしか思えません。

これも「箱」のせいです。

仮に、相手が本当に強い言葉で命令をしていたとしましょう。

でもその人は誰にでも乱暴な言葉遣いをしているのかというと、必ずしもそうではないこともあります。

その人が接している100人全員にひどい態度をとっているとしたら人格的な問題ですが、そうではなく、「自分には特にあたりが強い」「特定の相手にだけ高圧的」という場合が多いはずです。

これは、**相手があなたに対して「一**

線」を越えて踏み込んできているために起こることです。

その人はあなたのことを**「この人には踏み込んでも受け入れるから、好きなことを言っていい」**と思ってしまっているのです。**距離感の問題**です。

これも「箱」のせいなのですが、あなたには「箱」が見えていないから、「この人は乱暴でイヤな人だ」としか思えないのです。

人の「箱」見て我が「箱」直せ

よく、職場の人間関係がつらいと愚痴る人がいます。

上司がキツイ、同僚と合わない、部下が言うことを聞かない、お客さんが横柄など……。

でも**その人は転職して別の職場に行っても、また同じような愚痴を言います。**

そこでもまたキツイ上司、合わない同僚、言うことを聞かない部下、横柄なお客さんが現れるのです。

これもやっぱり「箱理論」です。

転職して人間関係（箱の中身）がすべて入れ替わっているはずなのに、「上司の箱」「同僚の箱」「部下の箱」「お客さんの箱」のルールが変わらないから、また同じに

距離感の問題を相手を変えたり人間関係を切ることで解決していませんか？

なってしまうのです。

友達の相談に乗っているときに、「この人は誰と付き合っても一緒だな」とか、「この人は職場を変えても多分一緒だな」と思うことはありませんか？　まさにそれが「箱」に縛られているパターンです。

他人の箱は見えやすいのです。でも自分の箱はなかなか見えづらいものです。

自分の「箱」を直視する勇気

箱が見えれば失敗の原因も見える

自分の箱が見えづらいから人間関係に悩むとしたら、**あなたの持っている「関係の箱」が可視化されたらどうなる**でしょうか。

相手のことを「こういう箱に入れているのだな」というのが見えれば、その人が原因ではなく、「自分がこういう箱に入れたから、この人に対してこんな気持ちが湧いてくるんだな」とわかってきます。

箱が見えると、相手との関係がよくわかるようになります。

たとえば、友達から恋人になってうまくいかなくなったケースを考えてみましょう。

「友達の箱」には、「お互いのプライベートは大切にする」という「ルール」があって、「恋人の箱」には、「会う予定は他よりも優先しないといけない」という「ルー

ル」があったとします。

ところが、もし相手の「恋人の箱」にはそのようなルールがなかったとすると、「付き合っているのにどうしてデートを優先してくれないんだろう」という不満が増えることになるでしょう。

自分は会う予定を大切にしているのに、相手はそうでもない……という気持ちのすれ違いが起きることになります。

でも「恋人の箱のルールで行動してしまったのだな」ということがわかれば、「うまくいかなかった原因」が見えてくるのです。

オーダーメイドの箱をつくろう

人間関係が苦しいのは、相手のせいではなく、もちろん自分のせいでもなく、単に仕組みの問題、「箱」の問題だということがおわかりいただけたと思います。

「箱そのもの」が原因なのに、私たちには箱は見えていなくて、相手をなんとかしようと思ってしまうのです。

それではいつまで経っても人間関係がかたづけられません。

ではどうすればいいのでしょうか。

答えはひとつです。

箱をあなたにとって居心地のいいようにつくり直してしまえばいいのです。

箱をいったんゼロ・リセットして、それからあらたに箱をつくり直すのです。あなた仕様の、オーダーメイドの箱をつくるのです。

自分に合うように箱をつくり直すことで、「人間関係を箱に仕分ける」ということ自体は一緒なのに、人間関係がグンとラクに、心地よくなっていくのです。

箱は生きていたらどんどん増えるので

箱をなくすのではなく

自分にとって心地よい箱をつくり直していけばいい！

どうでもいい相手、合わない相手にかまけて、ムダな時間を過ごすこともなくなります。

箱をつくり直すことで、あなたと本当に気の合う人、**大切な人との時間を十分に取って楽しく過ごせるよう、人生設計を変えていきましょう。**

新しい箱で新しい一歩を踏み出そう

あなたの箱を3つにリニューアル！

さあ、あなたの人間関係の新しい箱をつくっていきましょう。
新しい箱は、「距離感の箱」3つです。
あなたの前に3つの空っぽの箱があると考えてください。

●1つ目の箱
どうでもいい箱

社交辞令の付き合いの人や、苦手な人、距離を置きたい人を入れる箱です。あまり興味が持てない人全般ということになります。

仕分けを迷った場合もここに入れます。

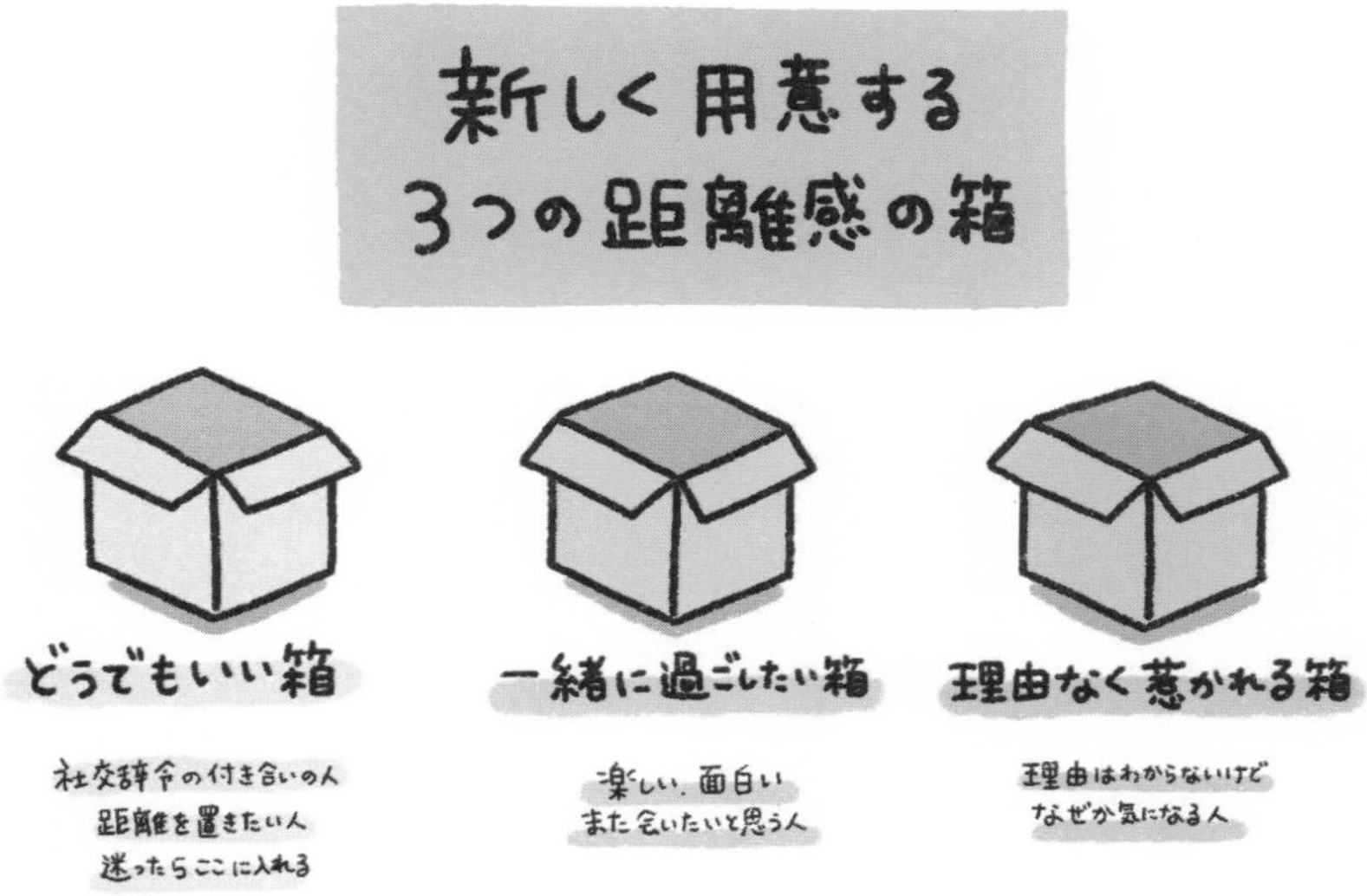
新しく用意する
3つの距離感の箱
どうでもいい箱
社交辞令の付き合いの人
距離を置きたい人
迷ったらここに入れる
一緒に過ごしたい箱
楽しい、面白い
また会いたいと思う人
理由なく惹かれる箱
理由はわからないけど
なぜか気になる人

●2つ目の箱
一緒に過ごしたい箱

一緒にいて楽しいと思える人、面白い人、また会いたいと感じる人を入れる箱です。

楽しい時間を共有したり、遊びや趣味を一緒に楽しんだりする人です。

「この人とはこんな遊びを一緒にしているな」「こんな会話をしているな」「こんな時間を共有しているな」など、どういった楽しみを生み出しているのかを考えると、相手とどう繋がりたいかもはっきりと見えてきます。

●3つ目の箱
理由なく惹かれる箱

理由はわからないけれど、なぜか気にな

る人、感覚的に惹かれる人を入れる箱です。具体的な条件や将来のイメージ、一緒にしたいことなどが浮かぶ前に、なぜか惹かれてしまうという関係です。もちろん「ひとめ惚れ」もここに入ります。

用もないのに連絡を取りたくなったり、実際に連絡をしてしまうような相手です。

Don't think, Feel!

この3つの箱に、あなたの人間関係を仕分けしていきましょう。

今まで入れていた箱から取り出して、3つの箱に入れ直すのです。

あなたを取り巻く人間関係、家族、友達、会社の同僚、上司、近所の人、親戚、趣味の仲間……、**思い浮かぶ限りの人を仕分け**していってください。

この作業は**「感覚」で行うことが最大のポイント**です。**頭で考えず、感覚でパッと仕分けしてしまってOK**です。

「あの人はいい人だけど、ちょっとこういうところが……」

「この人にはいろいろお世話になっているから」

などと考えてしまうと感覚がブレます。

考えれば考えるほど、従来の「箱」の影響が出てきてしまいます。**淡々と機械的に作業するのがコツ**です。

心のサーモメーターに聞いてみる

仕分け方のポイントは**あなたの心の温度**です。あなたの中の「サーモメーター（温度計）」を意識してみましょう。

その人のことを考えると、心の温度はどんな感じになりますか？

「あの人のことを考えると心がポカポカする」「温かい感じがする」という場合は、「一緒に過ごしたい」か「理由なく惹かれる」の可能性が高いです。

逆に、その人を思い出しても心の温度が上昇しない、あるいは冷えてくる、といったときは「どうでもいい箱」に入れます。

今までの箱から取り出した相手をフラットに見つめ直す

まず、イメージの中でその人を今まで入れていた箱から取り出し、**「何でもない人」**として見ます。

配偶者でもない、親でもない、友達でもない、上司でもない、「ただの人」として見るのです。

「イメージの中で行うなんて、意味があるの？」と思うかもしれませんが、やってみると意外なほど感覚が変わることに気づくことでしょう。

ここで、迷いや罪悪感が湧いてくることがあります。特に、身近な人、家族や頻繁に会う人、お世話になった相手に関しては、仕分けしていいものか、迷いや罪悪感が生じるものです。

このように、**迷いや罪悪感が生じることこそが「箱」に強く縛られてしまっている証拠**です。イメージの中の箱から取り出すことに抵抗を感じるほど影響を受けてしまっているのです。

そのような近しい相手を箱から取り出すことに成功したら、他の人はより簡単に仕分けできるようになります。

箱から取り出したら、あらたにその人を3つのうちのどの箱に入れるのか、イメージしてみましょう。

箱から取り出す作業は誰にも言う必要はないし、頭の中で行うことなので、相手が気づくこともありません。

どう感じる？
冷えてくる・・
ポカポカする・・
心のサーモメーター

ただの人
上司
お世話になってるのに
ランチおごってもらったし・・
明日も会うし
抵抗感

本当に大切な相手であれば、はっきりとその大切さがわかるようになり、その人との関係をよりよい方向で見直すことができるようになります。

作業に取り掛かりはじめた段階では、気が進まなかったり、後回しにしたくなったりするかもしれませんが、ゲームや遊びだと思って、思い切り大胆にやってみましょう！

最初は戸惑っていても、この本の手順で進めているうちにスッキリして気持ちが軽くなっていきますよ。

仕分けにつまずいたときの打開策

迷ったときは「どうでもいい箱」へ

どんどん仕分けをしていくと、「この人はどの箱に入るのだろう」と迷うことがあります。

迷ったら、「どうでもいい箱」に入れてしまいましょう。

入れた上で、次のChapterで述べる「『どうでもいい箱』の人との付き合い方」を実践してみます。その上で「やっぱりもう少し声をかけたいかも」「この人とは一緒に過ごしたいな」と思えば、入れ直せばいいのです。

「どうでもいい箱」に入れたからといって一生そのままではなく、適宜見直すのです。とりあえず「どうでもいい箱」に入れておいて、もっと時間を共有したい相手と感じる場合には「一緒に過ごしたい箱」に移すというイメージです。

迷ったときに一番やってはいけないことは、「理由なく惹かれる箱」に入れてしまうことです。

これをやってしまうと、**人生が混乱する可能性がある**のです。

これも次のChapterで述べることですが、間違った相手に心を開いてしまって面倒なことになったり、傷ついてしまったりするかもしれません。

この場合も、やはりいったん「どうでもいい箱」に入れて、しばらく様子を見ます。**落ち着いて客観的に見ていくうちに、自分の中でだんだんと整理されていきます。**

「やっぱりこの人はどうでもいい箱だったな」と思えればそのままでいいし、「この人はやっぱりもう少し違うかも」となれば「一緒に過ごしたい箱」に入れ直せばいいし、「やっぱりそれ以上の繋がりを感じる」となれば、はじめて「理由なく惹かれる箱」に入れればいいのです。

「理由なく惹かれる箱」に入れた相手に対しては、自分の中で境界もなく、オープンになりすぎてしまったり、距離感をうまくとれなくなったりする傾向があります。

だから**あえて距離をとるためにも、いったん「どうでもいい箱」に入れてしまう**ことで、落ち着いて冷静に見ることができるようになります。

オールマイティな「とりあえずの箱」

「それでもやっぱりこの人を『どうでもいい箱』に入れるのは抵抗がある」と思うことがあるかもしれません。

たとえば、恩がある人。本当に困ったときに助けてくれた人や、昔お世話になった人などです。

本当は、過去に何かをしてくれたとしても「どうでもいい人」は「どうでもいい箱」に入れていいのですが、いきなりそれは難しいかもしれません。

その場合、もうひとつ別の箱、**「とりあえずの箱」**を用意しましょう。

その人がやってくれたことへの感謝、その人に返さなければいけない恩なども含めて、いったんこの箱に入れてみてください。

「あの人はあのときこうしてくれた」「この人にはここでお世話になった」「この人はあのときこんなアドバイスをくれてありがたかった」など、いろんな感情が湧いてくる人は、それも全部含めてここに入れてしまいましょう。

また、**仕分けは「好き嫌い」の感情が入るとうまくいきません。**

好き嫌いの感情が湧いてきたときも、いったんこの箱に放り込んでしまいましょう。

そのあとの作業は、「どうでもいい箱」と同じです。客観視しながら様子を見て、その人にふさわしい箱に入れ替える作業を行います。

「どうでもいい箱」がスタートだと思えばいい

仕分け作業をしていくと、「どうでもいい箱」に入る人がものすごく多いことに気づくと思います。

基本、世間の人たちは「どうでもいい箱」の人なんです。町の人全員、サークルの人全員、会社の人全員、日本人全員、「どうでもいい箱」の人です。最初は**全員を「どうでもいい箱」に入れちゃってもOK**です。

そこから、特別だと思う人を出して、別の箱に入れていけばいいのです。

おそらくみなさんは今まで、この逆をやってきたのではないかと思います。

まわりの人、関わる人みんなを大事にしてきたのでしょう。その中からだんだん「この人はちょっと面倒かも」「苦手だな」という人が出てくるのです。

「みんな大切な人」からスタートするから、人間関係がごちゃごちゃになってしまうのです。

「どうでもいい人」からスタートすれば、めちゃめちゃ気持ちが軽くなってスッキリするし、そこから「本当に大切な人」も見えてきます。

愛情の有無と「どうでもいい」は無関係

仕分けをする上で、大きな問題となるのが家族や身近な人です。

先にもちょっと触れましたが、特に**「親や子どもを『どうでもいい箱』に入れていいのか」**と不安に思うかもしれません。

答えはOKです。

親であっても、付き合いがしんどいのなら「しんどいという感覚をもたらす相手」です。

大切な子どもでも、ストレスを感じるなら、「自分にとってはストレスをいっぱいもたらす相手」なのです。

だから**「どうでもいい箱」に入れるのが正解**なのです。

これは、**愛情の有無とは別の話**です。

親や子どもを仕分けするのに抵抗を感じるのは、それだけ関係が近い、親密な相手だから。逆に考えれば、**それこそが人間関係のストレスの相当な部分を占めている可能性がある**のです。だからいったん感情は脇に置いて作業を進めましょう。

その人との関係をよくするため、よりよい未来のために、「どうでもいい箱」に入れるのです。

Work

あなたの人間関係を「3つの箱」に仕分けしよう！

さあ、「3つの箱」の仕分け方のコツはわかったでしょうか？

ここからは実際に仕分けをやってみましょう！　この作業はゲームのように楽しむことがコツです。イメージしたり、紙に書き出すだけなので、直接相手に伝える必要もないし、知られることもありません。思いっきり、大胆に取り組みましょう。

1 紙かノートを用意して、「どうでもいい箱」「一緒に過ごしたい箱」「理由なく惹かれる箱」の3つの箱を描いてください。

2 思い出せる限り、今、何らかの形でお付き合いがある人を、3つの箱のうち、「これだな」と感じる箱に感覚的に振り分けて書きとめてください。深く考えずにパッと思いつくままにやるのがコツです。もし、迷った人が出てきた場合には、いったん「どうでもいい箱」に入れてください。

どうしても振り分けられない人が出てきた場合には、「とりあえずの箱」に入れてみましょう。

Chapter

3

あなたの人生を変える「3つの箱」の人の扱い方

「3つの箱」の人たちと豊かな関係を結ぶために

「3つの箱」に今の人間関係を整理し、これまで気づかなかった、あるいは見ないようにしてきた自分の感情に気づくことができただけで、かなりスッキリしたと思います。

ただ、もちろん「仕分けしておしまい」というわけではありません。

3つの箱に入れた人たちと、これからどういう関係を結ぶのか、どう付き合っていくのかということが最大の課題となります。特に「どうでもいい箱」の人たちとどう付き合っていくかが問題でしょう。

ここでは3つの箱に入れた人たちとの「付き合い方」を、私自身の例なども交えながらお話ししていきたいと思います。

「どうでもいい箱」の人との付き合い方

使うエネルギーと時間をとことん削る

「どうでもいい相手」に対しては、まず**「接触を最小限・最低限にする」。これが最大のポイント**です。

「どうでもいい相手」に気を使って**自分の人生の時間を差し出せば差し出すほど、そしてエネルギーを消耗すればするほど、疲弊**してしまいます。

「どうでもいい相手」は、とにかく遠くに置くのです。可能な限り、一緒に過ごす時間、関係性を削っていく。「用件のみ」の接点にします。

割り切って、「自分の利益」だけを考えて付き合えばいいのです。**「この相手とはこの部分の利益のみで接するぞ」と決めてしまってOK**です。

こう考えるだけで、ストレスが随分軽減されるはずです。

関係を断とうとすると、とんでもなくエネルギーを使います。それによって仕事上の不利益を受けるといった弊害も起こるでしょう。

でも接点を最低限にするのであれば、相手にはバレないし、後に述べる「上手な付き合い」をすれば、もめることもありません。

やること・やらないことを明確にする

接点を最小限・最低限にするためには、自分でルールを決めることです。

「関わらないようにする」というよりは「関わるポイントを決める」のです。そして**「関わるポイント」以外での付き合いはやめる**のです。

たとえば、職場の上司が「どうでもいい人」の場合。仕事の場では表面上はそつなく交流するけれど、「飲み会は断る」「個人的な話はしない」といった「マイルール」をつくり、実践するのです。

同じく「どうでもいい人」であるママ友に対しては、「子どもの送り迎えなどで会ったときにはきちんと挨拶をする。でもお茶やランチには付き合わない」というルールでいいのです。

親が「どうでもいい箱」に入っている場合は、別居をする、会うのはお盆と年始、

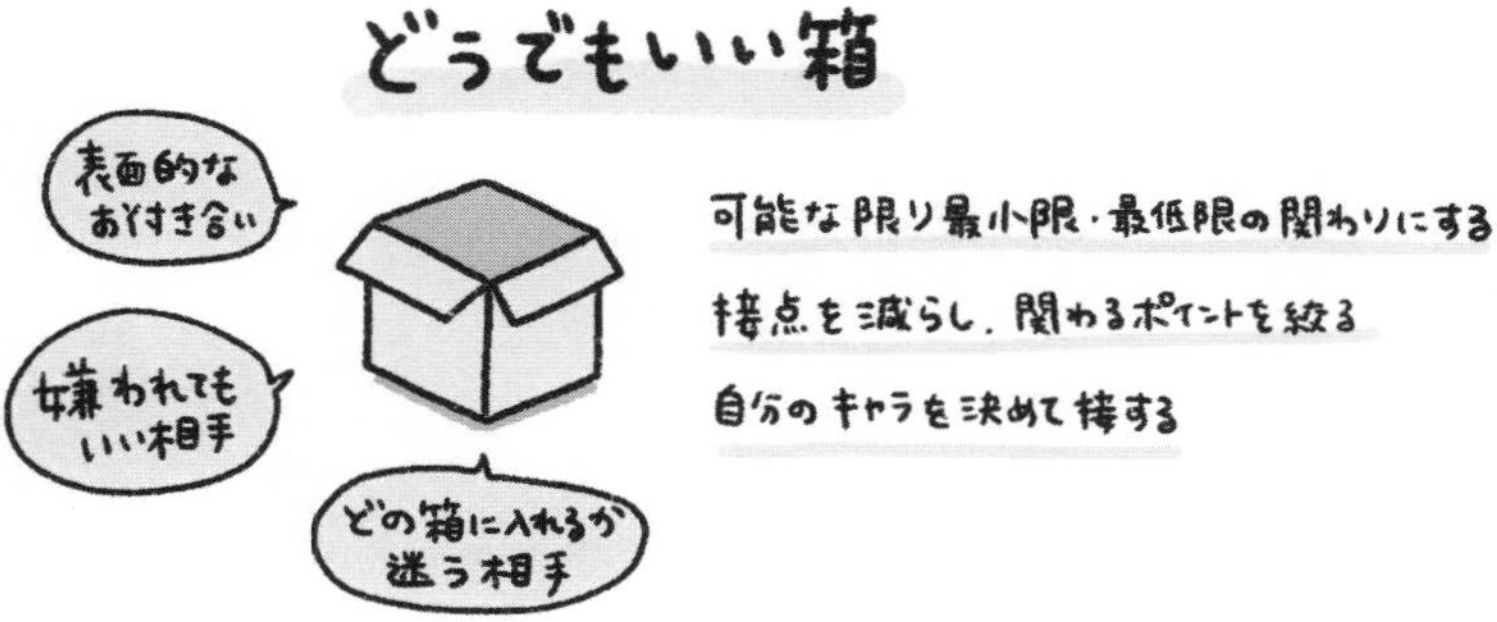
どうでもいい箱
表面的なお付き合い
嫌われてもいい相手
どの箱に入れるか迷う相手
可能な限り最小限・最低限の関わりにする
接点を減らし、関わるポイントを絞る
自分のキャラを決めて接する

それも数時間にとどめる、など。同居の場合も、食事は別にする、なるべく家にいない、といった工夫ができます。

ルールにしてしまえば、自分にとって「どうでもいい存在」に対して気を使いすぎたり、余計なエネルギーを消耗したりすることもありません。

思い切って心を捨てる

もうひとつ、「どうでもいい相手」と付き合うコツは**「まごころを入れない」**ことです。自分の気持ちや感情は何も入れない、つまり心を捨てるのです。

距離を置きたい人、苦手な人、嫌いな人に対して「まごころ」は必要でしょうか。別にどうなろうと興味のない人たちで、近づきすぎるとストレスになるなど自分に不利益をもたらす人たちです。**まごころも手心もいっさい必要ありません。**

この「まごころを入れない」ができるかできないかこそが、「どうでもいい箱」に入れた人との付き合い方の最大のポイントです。

「どうでもいい箱」の人との接点を減らすコツ

仮面をかぶって演じる《付き合う》

では「最小限・最低限の接点」を持つ際は、どうすればいいでしょうか。

最低限であっても、その相手と接点を持つのはストレスを感じるという方もいると思いますので、ストレスを最小限に抑えた付き合い方を紹介します。

それは、「どうでもいい相手」と接する際には**「演じる」**ことです。**俳優のように演技をして、キャラで接すればいい**のです。

その相手に対して一番ストレスがかからないキャラで接すること。**相手にとっても不都合がない、さらに自分のエネルギーを一番消耗しない仮面をかぶる**のです。

「この人に対してはこのキャラでいく」というのを決めましょう。

たとえば次のような感じです。

●「すぐ機嫌が悪くなって怒りだす上司」⬇「普段からその人をヨイショしていい気持ちにさせるキャラ」「人の話を聞き流すキャラ」

●「人のあら探しばかりしている面倒なご近所さん」⬇「細かいことに全然気づかない大ざっぱなキャラ」「他人に関心がないキャラ」

●「やたらメッセージを送ってきて返事を要求する人」「気が重くなるLINEをしてくる人」⬇「スマホを見ないキャラ」「返事が遅いキャラ」

●「プライベートにずけずけと踏み込んでくる先輩」⬇「他人とは関わらないキャラ」「ひとりの世界が好きなキャラ」

●「気が乗らない誘いを頻繁にしてくる顔見知り」⬇「集まりが苦手なキャラ」「趣味の予定でいつも埋まっているキャラ」

●「つまらない世間話ばかりをする自治会の人」⬇「愛想はいいけど中身がないキャラ」「ニュースにうといキャラ」

最初に決めておけば、そのキャラを自然と演じることができるようになります。これができると人間関係はものすごくラクになります。

ぜひ楽しんで、名優になってください。

臨機応変、自由自在にキャラ変しよう

このときのポイントは、相手によって臨機応変にキャラを変えることです。要は、**自分のアバターを持つようなもので、キャラはいくつあってもいい**のです。

相手によって態度を変え、相手と表面的に付き合うことに罪悪感を持つ人、モヤモヤする人もいるかもしれません。

そのときは、このように捉えてみてください。

その人は「どうでもいい箱」に入れた人です。ということは、その人はあなたにとってその程度の存在なのです。

その相手に気を使っているということは、「どうでもいいこと」にエネルギーを使って消耗してしまうということ。

仮に表面的な薄いお付き合いであっても、何かを押し付けられたり振り回されたりするなど影響を受ける要素が減って、その人とのコミュニケーションがスムーズになったほうが、人生の豊かさは結果的に増えますよね。

自分の負担や苦痛を最小限にするためにも、相手によって態度を変えることは大事なのです。

役に入り込みすぎず、クールに演じる

この話をすると、「自分は演じるのが苦手」「人に合わせてうまく演じ分ける自信がない」と思われる人もいるかもしれません。

「演技しないといけない！」と意識すると、苦手意識が強くなります。

「演じる」というよりも、「このキャラでいく設定にしよう」と思うだけで大丈夫です。

ちょっと考えてみてください。私たちは社会生活をする以上、多かれ少なかれ、「演じている」部分があるのではないでしょうか。

お客さんに対しては「店員」「営業」という役、上司に対しては「部下」の役、親に対しては「子ども」の役を自然と演じているものです。

今までは、それが自分の意思ではなく、他人の価値観やルールにのっとって演じさせられていたところがあるはずです。それは、多大なエネルギーを消耗し、疲れるも

のです。

そうではなく、「意識的に役を演じる」のです。

その際、「役に入り込みすぎない」ことがポイントです。「役」は「あなた自身」ではありません。入り込みすぎて、感情移入をするとつらくなります。明確に「演じている」という意識を持って、客観視を忘れないことです。

着ぐるみやかぶり物をつけているような感覚を持つといいかもしれません。

「どうでもいい箱」にも意味がある

キャラ変をしても意外に大丈夫

「どうでもいい人」との付き合い方を見直すと、その人に対して今までとキャラが変わることもあります。

たとえば、以下のようにです。

- それまで言っていたことを言わなくなった、逆に言わなかったことを言うようになった
- それまでは引き受けていたことを断るようになった
- 今までだったら黙っていたのに、「これは自分にやらせてください」とはっきり言うようになった

でも、意外とまわりは気づかないものです。自分の中では極端に人格が変わったように感じていても、**表に出る態度は大きくは変わっていません。**

もし、あまりにも気になるようであれば、**徐々に変わっていく、徐々に距離を置くようにしてみてください。**

特に、これまであなたが無理に合わせてきた相手に対しては、より慎重に、時間をかけて距離を置いていきましょう。

「どうでもいい」と「ムダ」は違う

「どうでもいい箱」の相手との付き合いを最小限に……と述べましたが、「どうでもいい人」との付き合いがまったくムダで価値のないものかと言うと、決してそうではありません。

「どうでもいい箱」からも、生み出されるものがあります。

「人間社会」の大半は、この「最低限のお付き合い」で構成されているのです。

たとえば、道ですれ違ったときに軽く会釈をする近所の人、買い物をするときに言葉を交わす店員さん、たまに話をする会社の別の部署の人……。

その人たちと深く付き合うことはないにしても、**こういう関係によって社会が成立していて、私たちの生活は支えられている**のです。

私たちの社会は、そもそも「どうでもいい箱」という、人と人との繋がりによって成り立っています。ですから、これもまた、必要な関係と言えるでしょう。

「どうでもいい箱」の関係は、無数にあります。「どうでもいい箱」の人との付き合いは、**生活を支えてくれるもの**というイメージで捉えてください。

「一緒に過ごしたい箱」の人との付き合い方

自分が楽しいところだけのいいとこ取り

次は、「一緒に過ごしたい箱」です。この箱は、「どうでもいい箱」よりも扱いが難しい部分があります。

それは、その人との付き合いにおいて面倒な瞬間があっても、「どうでもいい扱い」ができないことです。つまり本音では付き合いたくないことでも付き合ってしまったり、イヤなことでも断れなかったりするということです。

その人との関係を大切に思うからこそ、気持ちよく過ごしたい。だから、一緒に過ごしたいところと、過ごしたくないところを区別する必要があるのです。

まずその人と一緒にいるとき、**「自分は何が楽しいのか」**を考えてみてください。

逆に、「何が楽しくないのか」も考えてください。

たとえば、次のような感じです。

●時々会って食事をしたりお酒を飲んだりすると楽しいけれど、一緒に旅行に行ったら、いろいろなところでズレを感じて楽しめなかった

●趣味の話では気が合って盛り上がるけれど、ルーズなところがあり（約束の時間に遅れる、借りたものを返さない）、一緒に出掛けるのは避けたい

●博学でいろいろ教えてくれて、とても尊敬できるが、なぜか急に不機嫌になるときがあり、付き合いづらさを感じることがある

●ランチをしたらあっという間に時間が過ぎるほど楽しいけれど、酒癖があまりよくないので、夜は行動をともにしたくない

●仕事の打ち合わせでは、他にないほどに意気投合したけれど、プライベートの話になると気まずい空気が流れる

このように、相手との関わりの中で「何が楽しいのか、何が楽しくないのか」を見極めたら、その**「楽しい部分」だけの接点にしていく**のです。

楽しくない部分はカットします。

「一緒に過ごしたい人」だからといって、**イヤな部分まで共有したり、本音の深いと**

ころまで腹を割ってガッツリわかり合おうとする必要はまったくありません。

人と付き合う際に、「腹を割ってわかり合おう、とことん話をしよう！」と考える人もいるのですが、すべての人にそれをしてしまうと疲れますし、トラブルを招くこともあります。

人にはいろいろな側面があります。ある程度心を許した相手だったとしても、そのすべてを受け止めるのは負担です。

親しいといっても、お互いに見せていない面はあります。人付き合いには「この部分を知ってしまったら気軽に接することができない（＝知らなかったからこそ気軽に接することができる）」という一面もあるでしょう。

誰でも、プライベートなことで触れられたくない場所に踏み込まれることはストレスになります。

一緒にいて楽しい相手だったとしても、心のデリケートな部分までは触れてほしくない気持ちはあるものです。

洗いざらい自分をぶっちゃけて、深いところでわかり合おうとするのではなく、**「このポイントで付き合えば自分が楽しい」という「楽しいポイント探し」**をしていきましょう。

「同じ」も「違い」も楽しめたら喜びは倍増

「一緒に過ごしたい箱」の人と付き合うには、**「何を共有するのか」**を決めることが重要です。

「この人とは趣味のテニスを一緒に楽しむ」「この人とは一緒に楽しくお酒を飲む」「この人は旅行仲間」といった具合です。

「楽しいときだけを共有する」ことを意識していくと、**「一緒に過ごしたい箱」に入れる人との楽しい時間を増やしていくことができます。**

そして、それ以外の部分は少なくしていきます。

「趣味のテニスは一緒に楽しむけれど、お茶や食事には行かない」「食べ歩きは一緒に行くけれど、悩みごとの相談などはしない」という感じです。

共有するものをはっきりさせることで、その人とやること、会う場所、時間帯などが自然と見えるようになります。

得たいものがわかっているのであれば、それを目一杯楽しめますし、目的もなくだらだらとムダな時間を過ごすこともなくせます。

また、共有するといっても、それぞれで感じることや受け取るもの、視点が異なります。

「一緒に過ごしたい箱」に入れる人とは、その違いを尊重することを意識してコミュニケーションすることで、楽しさを増幅することができます。

「もっと、もっと」は禁物、感覚の変化を敏感に察知

ここでひとつ注意が必要です。それは、楽しく過ごせる相手に対して、**欲張りになってしまう**ことです。

楽しい時間を過ごした後、「この人であれば他のことも楽しいに違いない」と期待が大きくなりやすいということです。

期待が大きくなると、いつの間にか相手との距離が近くなりすぎて、負担になってしまうリスクがあります。

どんなに楽しい相手でも、距離感を間違えると不快になることを思い出してください。

だからこそ、「何が楽しいのか」「何が楽しくないのか」をしっかり意識することが重要になってきます。

たとえば、学生時代の友達を「一緒に過ごしたい箱」に入れていたとしましょう。その人とは卒業後も時々会って食事をしたり、イベントや小旅行に一緒に行ったりする仲だったとします。

ところが卒業後5年も経つと、なんとなく以前と違って、会っていても話が合わない、楽しめないという状況が生まれます。

関係性はずっと同じではありません。**誰でも飽きたり、興味が変化したり、移り変わったりするもの**です。

「一緒に過ごしたい箱」に入れた相手に対しては、何をするかが重要ではなくて、「楽しいと思えるかどうか」が重要です。

どうも嚙み合わない、しっくりこないと感じた場合には、無理に行動をともにしようとせず、様子を見てみましょう。

トータルで「楽しい」がプラスならOK

「一緒に過ごしたい箱」に入れる人は複数いると思います。この人とは「これ」といったように、それぞれ楽しんだり共有したりする関係になるでしょう。

趣味、遊び、食事、イベントなど、さまざまな楽しみ方が「一緒に過ごしたい箱」

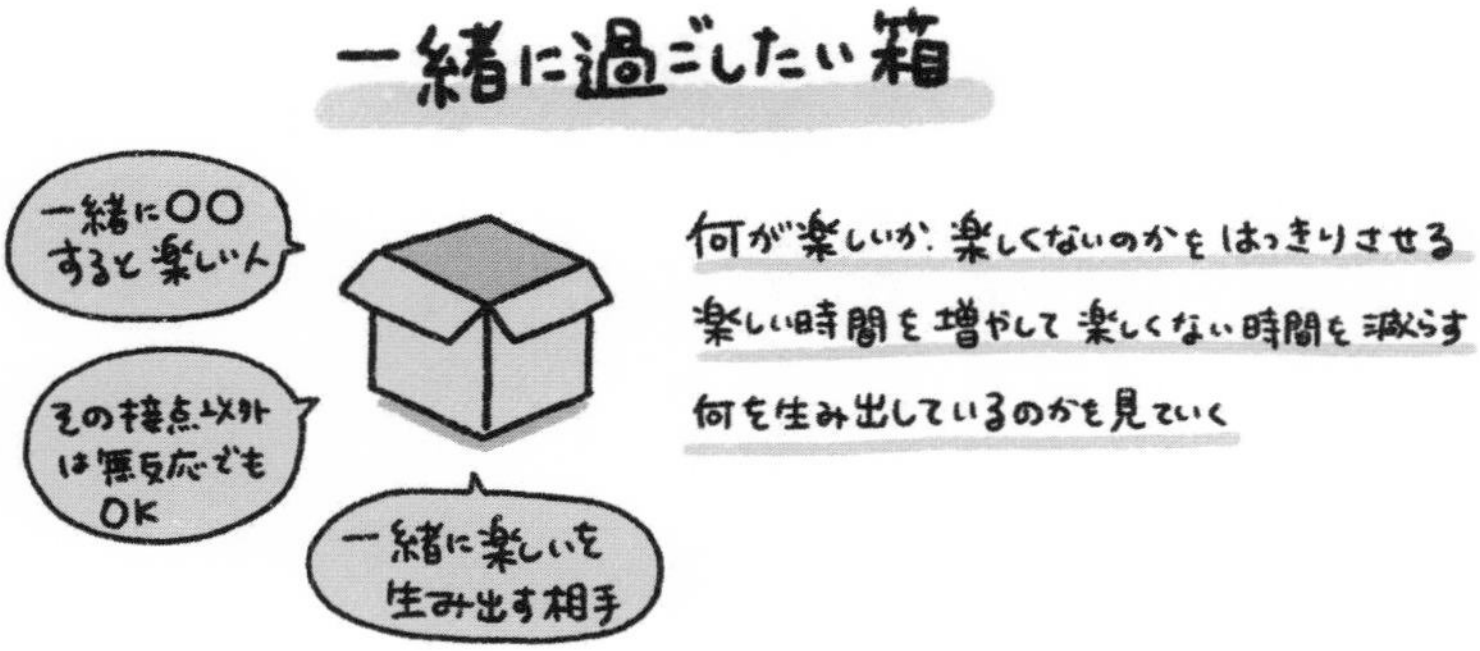
一緒に過ごしたい箱
一緒に○○すると楽しい人
その接点以外は無反応でもOK
一緒に楽しいを生み出す相手
何が楽しいか、楽しくないのかをはっきりさせる
楽しい時間を増やして楽しくない時間を減らす
何を生み出しているのかを見ていく

の中で存在することになりますが、それらをトータルで見てみます。

「一緒に過ごしたい箱」に入れた人たちとの関係によって、人生が豊かになっていることに気づくはずです。

そのなかの誰かひとりと以前ほど関係を楽しめなくなったとしても、他の誰かとの関係の中で、**特に楽しいと思えるものを中心にしていく**ことで、フレッシュな気持ちで「一緒に過ごしたい箱」に入れた人たちと接することができます。

「一緒に過ごしたい箱」に入れた人たちとの関係を上手に育んでいくことで、ひとりで過ごすより、人生で得られるものは何倍も多くなるはずです。

「理由なく惹かれる箱」の人との付き合い方

「なぜ惹かれるのか」は後からわかる

最後は、「理由なく惹かれる箱」です。

「理由なく惹かれる相手」は、「何のために」とか、「何をする」とか、メリットなどまったく関係なく、ただあなたが繋がりたいと思う人です。

ここでは「惹かれている」という事実がまず大事です。その人に対して自分が惹かれるものがあるという、その感覚に従うのが重要なのです。

その際、なぜその人に惹かれるのか、なぜこの人と繋がりたいのかという「理由」は特になくてかまいません。探そうとしても、最初はわからないことが多いからです。

実は「理由なく惹かれる箱」に入れた相手とは多くの場合、「一緒に何かをクリエイトする関係」になるのです。

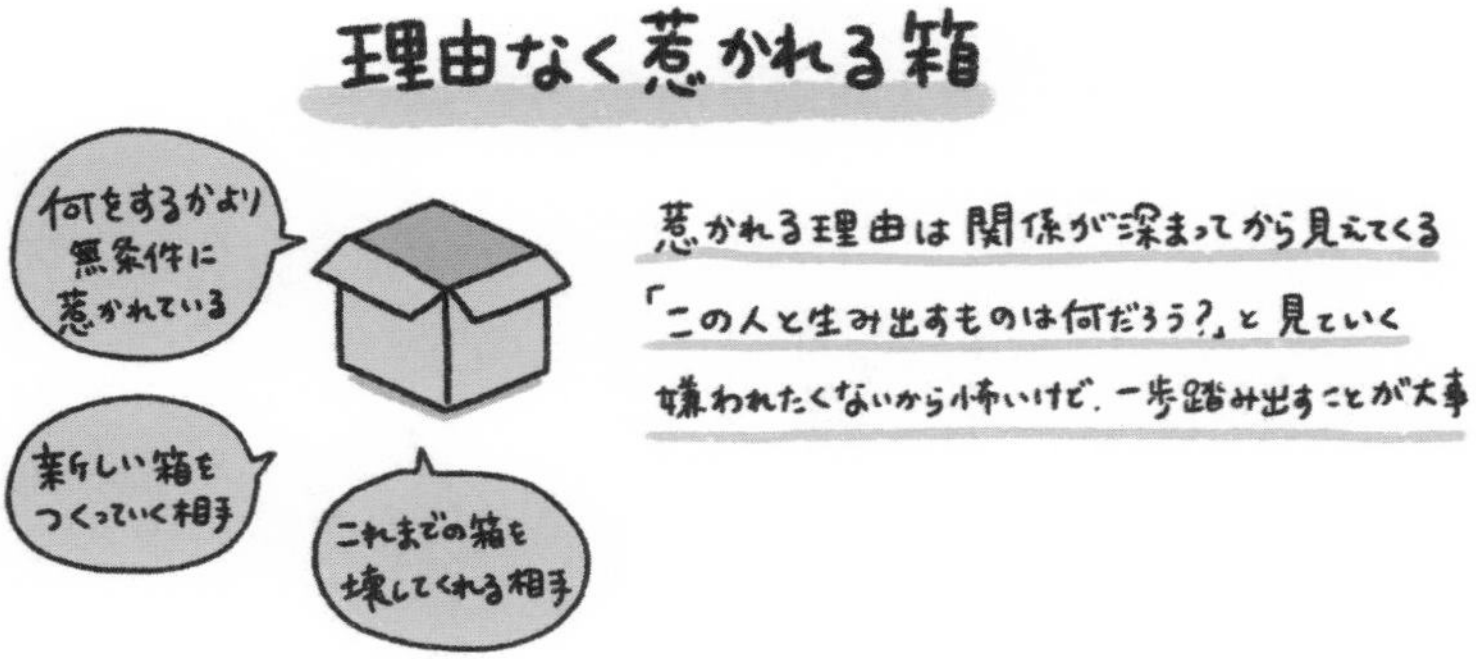
理由なく惹かれる箱
何をするかより無条件に惹かれている
新しい箱をつくっていく相手
これまでの箱を壊してくれる相手
惹かれる理由は関係が深まってから見えてくる
「この人と生み出すものは何だろう?」と見ていく
嫌われたくないから怖いけど、一歩踏み出すことが大事

「理由なく惹かれる箱」に入れたあとで、「その相手とだけの特別な箱」を新しくつくっていくことになるでしょう。

そのプロセスの中で、「なるほど、だからこの人に惹かれたのだな」とわかることも多々あります。

もし惹かれている理由がわかったとしても、その人との関係をすぐに深めていく必要はありません。

「しっくりくる関係」が見えてくるまで、落ち着いて経過を観察しましょう。じっくりと何年でも待っていていいのです。

だから、**最初の段階では相手との関係が育まれる過程、予感や予兆**を楽しんでください。

特別な関係は相手とともに築いていく

理由なく惹かれる相手を、社会や他人がつくった定義の箱に当てはめる必要はありません。「特別な箱」を用意して、付き合っていく中で**オリジナルな関係、特別な関係を育てていく感じ**です。

私にも、特別な箱に入れている人は、何人もいます。

そのことは特に相手には知らせません。自分の中で「この人は自分にとって特別な箱の人だな」と一方的に思って大切にしているだけです。でもそれで全然かまわないのです。

ゆっくり時間をかけて、その人との間に特別な関係をつくっています。

そうやって関係を深めていくと、いつしか「理想の人間関係」に囲まれていることでしょう。

生涯でたった一度、私が理由なく強く惹かれた人

私がどんな人に惹かれたかというエピソードも紹介しますね。

私の20代の頃の恋愛は、まず理想の条件をリストアップして、その条件にピッタリ合う人を探していました。

あるとき、ついに私の求める条件とピッタリの女性が現れて付き合うことができたのです。

ところが、**理想の相手だったはずが、なぜかしっくりとこず、どこか噛み合わず結局別れることになってしまった**のです。

これほど条件に合う人と出会ったのに長続きしないなんて、自分は恋愛に向いていないのだろうと失望した私は、しばらく恋愛は封印して、仕事や将来のための勉強を優先させようと決めました。

今だからわかりますが、当時の私は「条件の箱」をつくってそこに相手を入れようとしていたのです。

ところが、しばらく経って、**ある女性と会ったときに、衝動的に惹かれてしまったのです。**

彼女と会ったとき、自分の中の優先順位が一瞬にしてガラッと崩れたのを今でもありありと覚えています。すべてが彼女だけになってしまったのです。順番が崩れたというか、順番そのものがなくなってしまいました。

あれだけ恋愛は必要ないと言っていた私にいきなり彼女ができたので、職場の人たちには不思議がられました。

「一体、彼女のどこが好きになったの？」と聞かれたのですが、具体的なことは何も出てきませんでした。どこが、という特定のポイントを見つけられないのです。

それが、今の妻です。それまでの恋愛においては、「相手のこんなところが好き」ということを細かく話すことができました。でも彼女に対してはそれができないのです。

あえて言えば、「彼女の存在そのもの」です。

「どこが」と聞かれたときに、「自分の魂が喜んでるんですよね」と答えたのを今でも覚えています。

当時の私はスピリチュアル的な考え方が大嫌いだったので、自分の口からこんな表現が出たのは意外でした。

でもまわりも「ああ、そうなんだ」と納得してくれて、今思うとそれもまた不思議です。

スッキリしない気持ちはそのままにしておく

「この人は、もしかしたら『理由なく惹かれる箱』に入れる人なのでは？」と感じるものの、なんだかスッキリしない場合があります。

「無性にこの人と話をしてみたい」と思ったりもするけれど、よくよく考えてみると純粋な思いからではないことに気づいたりするケースです。

「この相手は特別だ」と思えば思うほど、「理由なく惹かれる箱」に入れる意味を強引に見つけようとして、ますます関係がわからなくなっていきます。

「理由なく」というのがポイントのはずなのに「理由」を一生懸命探そうとしてしまうのです。

そのような場合には、**お互いに関係を深めようとすればするほど、ちぐはぐになってしまって、修復するのに四苦八苦する状況に陥る可能性**があります。

「惹かれているという事実」だけがあればいい

「理由なく惹かれる相手」は「感覚がポイント」だと述べました。

しかし、この「感覚」というのが意外と難しいのです。

その人と接するときに、「相手から何を受け取るか」という「利益」を考えてしまうと、その感覚は鈍ります。

すると合わせ鏡のように、「相手がこちらに何を求めているか」が気になります。そうなればなるほど、なぜ相手に惹かれているのか、その裏付けが欲しくなります。

感覚が鈍ってくると、「理由なく惹かれる相手」だったとしても、それが本当かどうかわからなくなってしまうのです。

さらには疑り深かったり、社会的な常識の箱に縛られすぎていたり、自分に自信がない、人のことを信用していないなど、不信感が大きい場合も、相手のことが見えなくなります。

感覚を鈍らせないためには、**「惹かれている」ということ自体を大切にしましょう。**

その関係から何を得られているか、何をしてあげているか、何をしてもらっているかではなく、「自分が惹かれているという事実」を見るのです。

「理由なく惹かれる相手」についてはChapter6でも別途述べるので、そちらも併せてお読みください。

「恋愛の箱」について

「恋愛の箱」は百害あって一利なし

「理由なく惹かれる箱」にはもちろん、恋人や将来の結婚相手も入ります。

ほとんどの人は、恋人を**「恋愛の箱」に入れてきた**と思います。

実はこれが難点で、**恋人を「恋愛の箱」に入れてしまうことで起こる悩みや苦しみがたくさんある**のです。

「恋愛の箱」には、ルールがたくさんつくられてしまう場合が多く、それが関係を複雑にしてしまうからです。

たとえば「恋愛の箱に入れる人はひとりでなければいけない」という人もいれば、「何人入っていてもOK」と考える人もいます。

「定期的にデートをしなければいけない」「一日一度は連絡を取り合う」といった

ルールが結びついている人もいれば、「必要に応じて連絡を取ればOK」と思っている人もいるはずです。

「付き合う相手とは結婚を視野に入れないといけない」というルールがある場合、相手に「結婚を前提とした付き合い」を望むでしょうし、逆に相手が結婚が前提にない場合は「恋愛の箱」に入れることができないことになります。

つまり、**ルールのすべてが「相手に対しての期待」**になってしまうのです。恋愛相手に対しての期待は、他の関係に比べて強い傾向にあるのが厄介です。

期待すればするほど、ルールは、さらに細かくなっていきます。

「誕生日は必ず祝ってほしい」「クリスマスは毎年必ず特別な場所で過ごしたい」「プレゼントが定期的に欲しい」と際限なく増えていくのです。

「恋愛の箱」のルールは不幸のはじまり

ルールが多ければ、そのすべてに当てはまる人は少なくなりますし、いざ恋愛関係になったときに相手が期待に応えてくれないとがっかりすることになります。

ルールがあることで、せっかく出会えた相手とすれ違いになる部分が増えてしまい、

「自分は大切にされていない」という思いを抱いてしまうのです。

なぜこの人は、これをしてくれないんだろう、こう扱ってくれないんだろう、きちんと受け止めてくれないんだろう、好きだったらこうしてくれるはずなのに……と、満たされない思いばかりがふくらんでいくのです。

つまり、「恋愛の箱」に入れると、ルールが際限なく増えてハードルがどんどん上がっていってしまうのです。

自分に対しても、無意識のうちに高すぎる基準をつくってしまって、「相手をがっかりさせたくない」というプレッシャーを過剰に感じるようになっていきます。

ですから、**「恋愛の箱」を、あえて捨てましょう。**

惹かれる相手を「恋愛の箱」に入れたくなる場合、あるいは入れてしまった場合でも、いったん「恋愛の箱」から取り出してください。

実は、**「恋愛の箱」から取り出したほうが気負わずにリラックスして接することができる**ようになるのです。

これができると、それまでよりも断然付き合いやすくなります。

そして、改めて「理由なく惹かれる箱」に入れる相手だと感じるのであれば、入れてみてください。

その場合には、「恋愛相手だから」というよりも、より純粋に相手に対して感じている気持ちを受け入れることができるはずです。

その気持ちに素直になることが大切です。そうすると、結果的に相手に想いが伝わりやすくなり、望んでいるものが得やすくなります。

「恋愛の箱」は潔く空っぽにしよう

「恋愛の箱」を捨てたほうがいい理由はもうひとつ、**本当は「どうでもいい人」を、「恋愛の箱」に入れている人がめちゃめちゃ多い**からです。

「見た目がいいから」「まわりに自慢できるから」「寂しいから」「結婚を焦っているから」といった理由で、「どうでもいい人」を「恋愛の箱」に入れているケースがあるのです。

「恋愛の箱」から取り出して感覚で関係を見直すことで、実はどうでもいい人だったと気づいたり、「前は好きだったけれど、今は冷めている」、逆に「気持ちが冷めたと思っていたら、実はケンカをして引きずっているだけでまだ好きだった」といったことが見えてきます。

「恋愛の箱」を通して相手を見るのではなく、自分の感覚で、気持ちで見ていくことが重要なポイントです。

Column

私も「人間関係のおかたづけ」をやってみました！

●「仕事のお客さんを仕分けしたらすごくラクになりました」

50代女性　人材派遣会社社員

派遣業という仕事柄、お得意様である企業の社長さん、役員さんなどを接待することも多く、プライベートの時間も仕事が続いているような状態です。

私の趣味はコーラスなのですが、仕事が忙しくてなかなか練習の時間が取れず、それも悩みのタネでした。

このままではイヤだ、と思い人間関係のおかたづけをしてみることにしました。

たとえば主要取引先のひとりであるAさん。食事をしたり、ゴルフをご一緒するなど、いい関係を築いてきたつもりでした。

ところが、この人をいったん「お客様」の箱から取り出して考えてみると、「一緒に過ごしたい箱」ではないし、もちろん「理由なく惹かれる箱」でもない。つまり「どうでもいい箱」の人だったのです。

これに気づいたときはひとりで大笑いして、でもすごくスッキリしました。仕事上の大事なお客様だから「この人が好き」と思い込んでいただけで、本当は大嫌いでした（笑）。今までAさんとの付き合いでなんとなくモヤモヤしていたのはこれだったのかと……。

一方、お得意様の中でも、ひとりの人間として「一緒に過ごしたい箱」に入れた人もいました。これも新鮮な驚きでした。こうやって仕分けができたことで、自分の中で基準を設けることができて、仕事上の付き合いがすごくラクになりました。

趣味の仲間は全員が「一緒に過ごしたい箱」であり、家族と親友は「理由なく惹かれる箱」。「理由なく惹かれる箱」はたった3人しかいませんでした。これも衝撃的でしたが、自分の本心を知ることができてよかったです。

これからは本心を偽って自分をいじめることなく、自分にとって本当に大事な人との時間を大切にして、人生を豊かに過ごしていきたいと思っています。

●「ママ友付き合いをやめたらすごくスッキリ」

40代　パート・主婦

ママ友との付き合いをおかたづけしました。

ママ友は5～6人のグループなのですが、頻繁にランチ会を開いたり、子どももともとにお互いの家を行き来していて、私もそれを楽しんでいると思い込んでいました。ところが今回、おかたづけをしてみて、それがストレスであることに気づいたのです。

私は全員を「ママ友の箱」に入れていて、「ママ友のこの人たちとはしょっちゅう会って、仲良くしなければいけない」というルールを設けていたのです。なぜそのルールを設けていたのかというと「子どもの利益のため」でした。

でも「ママ友の箱」から出したとき、「一緒に過ごしたい箱」はひとりだけで、あとは「どうでもいい箱」の人でした。

私の本心では、ママ友との付き合いは面倒くさいことだったのです。毎回のランチ代もバカにならなくて、それも負担でした。

そこでパートの時間を増やして、ランチや集まりを徐々にフェードアウトすることに。「あの人、最近忙しいみたいね」となって、自然とグループと距離ができていきました。

そして、私がママ友と仲良くしなくても、子どもにはまったく関係ないことがわかりました。今はすごく快適です。

その他の箱ですが、「一緒に過ごしたい箱」にはパート先で仲良くなった人が入り、「理由なく惹かれる箱」には、家族、学生時代からの友達が入りました。この人たちとの関係を大事にしていきたいです。

Chapter

4

「新しい箱」がつくり出す ストレスフリーな人間関係

仕分けすると見えてくる意外なモノ

本当の気持ちを見ないふりしていただけ

人間関係を仕分けすると、**自分でも気づかなかった「本当の感情」**が見えてきます。たとえばすごく仲のいい友達がいて、今までは「親密な関係」の箱に入れていたとします。

ところが仕分けし直してみたら、本当は相手のことが嫌いで、自分にとっては大事でもなんでもないということがわかってしまった、なんてこともあります。

今までは「親密な関係」の箱に入れていたから、親密な関係を結んでいただけで、あなたの本当の感情ではその人を拒否していたのです。

きっと、**その人との付き合いは苦しかったでしょう。**

「箱から出す」ということは、相手のことをどう思っているのか、自分の純粋な気持

ちに気づくということ。箱から出したら、**自分にとっての真実が見えてくる**のです。

真の目的は本当に大切な人に気づくこと

特に、今までいろいろな形で自分を押し殺して生きてきた場合には、おかたづけ作業は本当につらいと思います。見たくないものを見る、触れたくないものに触れる体験をするかもしれません。

「あのお客さんのことは嫌いなのに、たくさん買ってくれるから、好きだと思い込んでいただけだった」
「自分の出世や昇給のカギを握る上司だから大事にしていたけど、本当はどうでもいい人だった」

などという、今まで直視してこなかった感情もどんどん出てくることでしょう。

でもこの仕分け作業の本当の目的は、「嫌いな人」「苦手な人」を探し出すことではなく、**あなたにとって本当に大切な人をあぶり出すこと**です。

本当に大切な人を大事にするために、人間関係をかたづけるのです。

誰もが人生の持ち時間には限りがあります。**限られた時間を、その人たちと一緒に過ごすために使ったほうが断然いい**ですよね。

ですから、自分にとってどうでもいい人、ストレスを感じる人、一緒にいたくない人、嫌いな人を客観的に見直すことが大事なのです。

これは、あなたが本当に居心地のいい人間関係を選ぶために、避けては通れない作業。**勇気を持って踏み出していただきたい**のです。

あなた自身も「箱」に入っていた!?

私たちがいかに人間関係を箱に入れてしまっているかについて述べてきましたが、実は**自分自身も「箱」に入れている**のです。

「恋人の箱」があるとしましょう。すると、相手（＝恋人）も「恋人の箱」に入れているし、自分もまた「相手の恋人」として同じ箱に入れているのです。

結婚してからは「妻」「夫」といった箱に自分を入れますし、子どもができてからは「母親」「父親」といった箱に自分を入れ、さらに孫ができたら「おばあちゃん」「おじいちゃん」といった箱に自分を入れます。

社会に出たら「社会人」という箱に入れますし、就職したら「会社員」という箱に入れ、出世をしたら「課長」や「部長」といった「箱」に自分を入れていきます。

他人だけではなく、自分自身も「箱」に入れて仕分けしているんですね。

無意識のうちに自分を入れている「箱」によって自分をいつの間にか縛ってしまっていて、**「こんな立派な人にならなければいけない」「常識的に振る舞わなければいけない」と制限している可能性がある**のです。

人生に疲れているとき、つらいとき、悩んでいるときなどは、もしかしたら**自分を何かの箱に押し込めているのかもしれません。**

自分がどんな箱に入っているかを客観的に考えることで、悩みやしんどさから抜け出すきっかけが得られることでしょう。

身近な人たちとの心の距離の変化

かけがえのない人を仕分けしてわかったこと

私が自分の人間関係を仕分けし直したとき、**一番葛藤があったのは、自分の妻と子どもを仕分けること**でした。

妻を「妻の箱」から出す、娘を「娘の箱」から出すにあたって、とてつもない罪悪感があり、彼女たちがこれを知ったら傷つくんじゃないかという思いが湧きました。

妻も子どもも私にとってはかけがえのない存在です。それだけ大切な関係だったからこそ、思い切って妻を「結婚相手の箱」「妻の箱」から出しました。そして子どもを「娘の箱」から出しました。

すると、今までの**「妻」「子ども」という関係性が消滅して、単に「一緒にいたい**

人」に変わったのです。一緒に楽しい時間を過ごしたい人たちになったのです。単に「好きな人」と言ってもいいでしょう。

妻とか子どもとかは関係なく、この人たちは、自分が好きで、純粋に一緒にいたい人たちなのだという、「本当の気持ち」に気づくことができたのです。

仕分けしたからこそ大切にできる

妻を「結婚相手」や「妻」の箱に入れていたとき、私はその箱に「一生一緒に過ごさねばならない」というルールを紐づけていました。「一度結婚したら一生一緒に過ごさねばならない」というルールを勝手に決めていたのです。

それが「結婚相手」「妻」という箱から出したことで、極端な話、何かあれば明日は別れるかもしれない、という思いが湧いてきました。

するとどうなったかというと、妻も子どももむしろ今まで以上に大切にするようになったのです。

「一緒にいることが当たり前ではない」という認識を持つと、いい意味での緊張感が生まれます。

自分の対応次第では、この人は自分の元からいなくなるかもしれない、とそこに気

づくことができたのです。

「結婚相手だから一緒にいるのが当然」「子どもだから一緒にいるのが当たり前」という考え方だと、その関係に甘えすぎてしまったり、おごりが生まれてしまう可能性があります。

また「一緒にいるのが当たり前」という発想だと、自分自身も無意識のうちに我慢することもあります。**それが自分を追いつめてつらくさせている**のです。

はじめて親をひとりの人間として見た

これは親についても同じです。

私は、親を仕分けたことで、親をひとりの人間として見ることができるようになりました。「親だから○○してくれるのが当たり前」という考えがなくなり、感謝できるようになりました。

「親なのに○○をしてくれなかった」という概念もなくなり、それまで持っていたわだかまりもなくなりました。

「親を大事にしよう」というのは多くの人の共通認識であり、実際に親孝行をしている人も多いことでしょう。

「親だから大事にしている」のか、「自分にとって大切な人だから大事にしているのか」では大きな違いがあります。

どちらが**より純粋な思いからの行動になっているか**ということです。

親を温泉旅行に連れていくとき、「親孝行しないといけない」という思いと、「大切な人たちに喜んでもらいたい」という気持ち、どちらなのか。

それも、いったん箱から出して仕分けし直すことで見えてきます。

「自分基準」で生きていく

やっと飲み会を断れるようになった

ここで「箱理論」の応用法をお伝えします。

「箱理論」を使うようになってから、私の人間関係はガラリと変わりました。

それまでの私は、「やりたくない」と思っても人の顔色を窺って従順に受け入れるような人間でした。

「箱理論」を使うことで、自分の意思を表現できるようになり、その結果、相手が「この人はこういう人なんだ」と私を理解してくれるようになったのです。

その上で、私を尊重して接してくれるようになりました。

例を挙げれば、昔の私は飲み会を断ることができませんでした。

私はお酒が飲めませんし、飲み会の場でみんなと話を合わせるのはとても苦手でした。

苦手なのに、**みんなが盛り上がっている場の空気を壊してはいけないと愛想笑いをして**ヘラヘラしていました。全然楽しくないのに楽しいふりをして、飲み会が終わった後は、へとへとに疲れ果てていました。

「箱理論」を使うようになってからは、「自分にとってこの人たちとはどういう関係なのか」「自分にとってこの場はどんな意味があるのか」というように「自分基準」で考えられるようになったのです。

結果、**「私は付き合いの飲み会が嫌いなのだ」**ということがわかりました。

すると、自分が飲み会で過ごす時間よりも、趣味の時間や家族と過ごす時間を、圧倒的に**人生で大切にしたいということがはっきりした**のです。

すると、まわりから自然に、「この人は、趣味や家族を大切にしているから、飲み会の優先順位は低いのだ」と認識されて、尊重してもらえるようになっていきました。

誘われる頻度も減り、誘われるときには「こういう場は苦手なんだろうけど、今回の場に関しては堀内さんにとって、こういうメリットがあるから楽しいと思いますよ」と、私の気持ちに寄り添う形でお誘いが来るようになりました。

相手の顔色を窺って仕事が断れない日々の記憶

仕事においても、それまでの私は依頼をひとつも断れませんでした。気の進まない案件でも、「こういうのをやってほしい」と言われたら、「わかりました！」と全部引き受けていました。

相手のことを気にして、相手がどう考えているのか、いつも顔色を窺っていたのです。

それどころか、頼まれてもいない段階で先回りして、自分のやりたくないことであっても「こういうことに悩んでますよね。解決できますよ」と積極的に提案してしまうところもありました。

「これをやったら相手が助かるだろう、負担が軽くなるだろう、嬉しいだろう」という視点が、仕事における出発点でした。

当然相手は「よくわかったね。そうだったんだよ。じゃ、やってくれるんだね。ありがとう」となりますよね。

でも、**そこには「自分のやりたいこと」がありません。**だからいざやるとなると、苦痛でたまりません。自分にとって好きか嫌いかが判断基準になっていないからです。

「楽しくて好きな仕事」しか来ない

「箱理論」を使うようになってからは、自分が好きでやりたいこと、かつ得意なことをアピールするようになりました。逆に苦手なことも言えるようになりました。

今、**私に来る仕事は、私が好きで楽しくて面白いと思えて、興味を持てて、苦手ではないものばかり**です。苦手なことは「堀内はこういうことが苦手だから期待できない」となるため、当然、話が来なくなります。

面白いことに、自分のできないことや苦手なこと、ダメなことをまわりがフォローしてくれるようになったのです。「堀内さんはこういう作業は苦手ですよね。私がやりますね」と言ってもらえるようになりました。

キャラ変成功のカギ

セミナーのスタート時間に蕎麦《そば》屋にいた！

このおかたづけからさらに進んで、**「自分のキャラクター設定」をすることによって、さらに自由になれる**ことを知りました。

たとえば、私は遅刻することがあります。どんなにがんばっても、約束の時刻に遅れてしまうのです。

大切な打ち合わせでも、1~2時間遅れることもあります。

以前、非常に重要なプロジェクトで遅刻をし、相手の責任者を怒らせてしまったことで、そのプロジェクトが終わったことがあるぐらいです。

努力してもダメなのです。そもそも、**時間というものの概念が欠けている**ところがあるのです。

あるとき、近所で蕎麦を食べていたら、電話がかかってきました。電話口から大慌てで「今、どこにいますか？」という声が聞こえています。セミナー会場の管理者の方でした。

「今、お客さんがたくさん入っているのですが……」

「えっ!?」

その日はセミナーの予定だったのです。時間どころか日付も頭からすっぽり抜けていました。

同じことが、一度や二度ではありません。

セミナーという仕事は、何時間でも話していられるぐらいに大好きなことだし、やりたいことです。でも前日まで楽しみでワクワクするようなことですら、当日になると頭から抜けてしまうことがあるのです。

ダメな部分が愛されキャラに

そこで、あるときから私はそれらのエピソードを積極的にまわりに話して、さらにSNSなどでもアピールするようになりました。

そうすることで、**「時間の感覚がすっぽり抜けているキャラクター」**が定着するようになりました。

するとむしろ、**そのキャラクターが愛されるようにすらなった**のです。

先日、私が遅刻をしたセミナーに参加した方に話しかけられました。

「堀内さんが自分のセミナーに思いっきり遅れてきて、一言も詫びることなく、涼しい顔でセミナーをはじめたことに衝撃を受けて、逆にそこから私はファンになりました（笑）！」

「キャラクター」になると、社会の常識や価値観から外れているようなことでも、意外と受け入れられることが多いのです。

人の目を気にしなければ自由になれる

今、私の場合、約束があると、先方から事前に確認の連絡が来ます。事前に連絡が来なかったときには、「今日は事前に確認をしなくてごめんなさい」と謝ってくる人までいます。

もちろん、遅刻することを開き直っているわけではありません。

人間関係をかたづけて、人の目が気にならなくなって自由になった結果、「この人はこういう人間だ」とまわりの人が受け入れてくれるようになったということです。

「箱理論」を使うことによって人に振り回されなくなり、他人に人生を侵されなくなっていくのです。

中途半端に人の期待に応えようとすると、相手はもっと期待してきます。それに応えられないと相手はがっかりして、話が違う、ふざけるなと怒ることになります。

社会の常識に合わせれば合わせるほど、そこから外れることが許されず苦しくなっていきます。

もう、そんな縛りから解放されていいんじゃないでしょうか？

「箱理論」で人間関係のおかたづけをすればするほど、人生はどんどん自由になっていくのですから。

人生にとって豊かな人間関係を紡いでいこう

いいところに注目すれば、それが前面に出てくる

イヤな人、自分にとって脅威となる人。これも箱理論でスッキリ解決できます。

私自身、「イヤな人」「自分にとって脅威になる人」を、とりあえず「どうでもいい箱」に入れて距離を置いたことで、ものすごくラクになりました。

その上で、イメージの中でその人たちを「ものすごく遠い人」と設定しました。もちろん物理的にも、自分からはその人に近寄りません。

すると、だんだん、その人の脅威的な感じがなくなっていきます。

それまで私の中では「この人は自分を傷つけてくる、危害を与えてくる」というイメージがあったのに、この作業をすることで**「この人は、自分に危害を加えない」という思いが落とし込まれていった**のです。

すると、**相手のいいところが見えるようになりました。**

面白いことに、相手の素敵なところ、いいところが見えるようになってくると、相手はますます素敵な面を出すようになるのです。

これができるようになってからは、**たとえ評判の悪い、癖の強い人でも、私の前に来ると悪い癖の部分を出さなくなりました。**いい人になってしまうのです。

「あの人には気を付けたほうがいいよ」と言われる人でも、私にはいい面しか出さないので、「すごくいい人だったよ」となります。

これこそが**「箱のマジック」**です。こちらが相手をどう見ているか、どんな箱に入れているかによって相手の反応も変わるのです。

ダメ集団を優秀な集団に変える「箱理論」

私はこの「箱理論」を、仕事での人材管理にも応用しています。

たとえば、**相手を「優秀な人」という箱に入れてその視点で見ると、どんどん優秀になっていきます。**優秀な面を出してくるといったほうがいいかもしれません。

逆に「あいつはダメだから」という視点で見ると、その人はどんどんダメになっていくのです。

これは、ある会社組織を見ているときに気づいたことです。**その会社ではとても優秀な人ばかりのチームがある一方で、やたらミスが多いダメチームもあるのです。**

ダメチームでは、上司がしょっちゅうキレて「だからお前はダメなんだ！」と怒鳴っています。上司は部下をハナからダメ扱いしていて、ダメ扱いをされた人は、ますますダメな面を出していました。

片や、優秀チームのリーダーはどんな人かというと、**めちゃめちゃメンバーをホメる**のです。

「いや～、俺はホントにチームのメンバーに恵まれている。俺は全然仕事ができないんだけどさ、みんなが助けてくれる」とずっと言っています。

「ホントにみんな最高！」が口癖で、すると本当に部下は最高な部分を出していくようになるのです。

これを見て私は、「ああ、そうか。人をどういう箱に入れるかで変わってくるのだな」と気がついたのです。

相手を「優秀だ」という前提で見ると、最初から、「この人のいいところはどこだろう」という視点で見るようになります。そうなると芋づる式に「この人はこういういいところがある」「こういう魅力もある」と、どんどん相手のすばらしいところを探すようになります。

「この人はまわりに気を配れるところがすばらしい」

「この人は何を頼んでもレスポンスが速くてすぐ行動してくれる」

という目で見るだけで、相手はますます人に配慮し、行動が素早くなり、どんどん関係がよくなっていくのです。

あなたの本来の姿、自由な姿で生きていこう

このように人間関係をかたづけて整理が進めば進むほど、自由になり、人間関係で消耗することがなくなっていきます。

面白いことに、あなたが自由に生きていれば、長い付き合いの人であろうが、初対面の人であろうが、まわりがあなたに合わせて、あなたの軸でやり取りができるよう

になるのです。

「この人はこういう自由な人なんだな」と思われてしまえば、人はそこから自分の常識を押し付けたり、自分の枠にはめようとはしないものです。

だから、**もう人間関係で我慢する必要はありません。人間関係のおかたづけをお勧めしている**のです。

とはいえ、「複雑な人間関係がうまくかたづけられるのか不安」「こういうケースではどうすればいいのか」といった疑問や質問もあると思います。

次のＣｈａｐｔｅｒではケーススタディを紹介します。

Chapter

5

「人間関係のおかたづけ」ケーススタディ

おかたづけをより深く理解しよう

人間関係をかたづけていく中で、「こんな場合はどうすればいいのか」「これでいいのかな」という疑問が生じることでしょう。

そこでこのＣｈａｐｔｅｒでは、人間関係のおかたづけについてより理解を深めるために、具体例を挙げながら解説していきます。

自分のこと、義理の付き合い・社会的な付き合い、仕事関係、友達・グループ、子ども・家族、恋愛・特別な関係について、「こういうケースではこうする」という提案をしていきたいと思います。

自分のこと

【まずは自分】自分のことばかり考えていていい

これは「人間関係のおかたづけ」をする上でのキモと言ってもいい、基礎的な考え方です。

人は誰でも、自分のことばかり考えているもの。「私は常に他人のことだけを考えています」なんていう人はいません。

他人のことを考えているときですら、自分の身に起きることに関連づけていますし、世界情勢を考えているときだって、ニュースを見ているときだって、自分にどう関係するかという視点で見ているはずです。

自分のことばかりを考えて生きているのが、私たち人間なのです。

全員が等しく平等に自分のことばかり考えているわけですから、あなたも堂々と自分のことばかり考えていいのです。

「そんなに自分のことばかりを考えてはダメ」「わがままはやめなさい」と言ってくる人は、あなたにマウントを取りに来ているのです。

「あなたは『私のこと』をもっと考えなさい」「『私のこと』をもっと大事にしてほしい」というのが、その人の本音です。

あなたに言うことを聞かせるための手段としてそう言っているだけ。それに乗る必要はまったくありません。

【本来の自分】ポンコツを否定されたら離れるべし

人間関係をかたづけるのは、自分の本来の姿を出して、自由にラクに生きることが目的です。

自分の本来の姿、自由な姿で生きるということは、自分のダメな部分、ポンコツな部分も出すことになります。

自由に生きるといっても、ポンコツなところを見せたら、人から嫌われてしまうのではないかと不安に思う人もいるかもしれません。でも、**ポンコツな部分を見せたことで離れていくような人は、もともと一緒にいる人ではない**ということです。そういう人とはご縁がなかったのに、ポンコツな部分を見せまいとあなたががんばって、相手に気を使って我慢することで縁を繋いでいたのです。

そのような関係はむしろ、かたづけてしまったほうがスッキリするのではないでしょうか。自然な自分でお付き合いできないような人は、さっさと「どうでもいい箱」に入れて、その人との心の距離を遠く離してしまいましょう。

義理の付き合い・社会的な付き合い

【義理の付き合い】付き合いをなくしても生きていける

ムダに人生の時間を使わされ、ストレスもかかるのが「義理の付き合い」です。

年賀状もそのひとつ。「どうでもいい人」から毎年年賀状をもらい、返さないのは失礼だからと返事を出しているという人も少なくないと思います。

年賀状はもちろんやめてOKです。

私は、自分からは1通も出さないのはもちろん、もらった人に対しても返信はしていません。

以前は年賀状を一生懸命出していて、出していない人からもらうと慌てて返事を書いていましたが、「人間関係のおかたづけ」をしてからはいっさい出さなくなりました。

出さない、返事を書かないということを続けていると、だんだん年賀状が来なくなります。

「この人は年賀状を出さない人なんだ」「年賀状を返さない人なんだな」と思われて、期待されなくなってくるのです。

年賀状が来なくても何ひとつ困らないので、これからもこのスタイルでいくつもりです。

インターネットなど通信技術が発達する前の時代は、手紙や年賀状などで、近況を確認し合うことの意義もあったでしょうし、限られたお付き合いの人数であれば、そこまで負担ではなかったと思います。

26ページで述べたように今はSNSの発達で、放っておくと人間のキャパを超えるような義理の繫がりが増えてしまいます。どこかで線引きをしないと自分が苦しくなります。

いずれにしても、**義理だけの「どうでもいい人」に使う時間を限りなくゼロにすることが重要**です。

【社会的な付き合い】マナーや常識は疑ってかかる

「あの人はメールの返信が遅いから常識がない」
「印鑑をこんなに曲げて押すなんてマナーがなっていない」

人はいろいろなマナーや常識に縛られて生きています。それが時として人間関係を窮屈にすることもあります。ですが、**マナーや常識といっても、絶対的なものではありません。**

私はシステムエンジニアをしていたとき、いろいろな会社に行って仕事をしていました。驚いたのは、その会社によって**常識・ビジネスマナーとされているものがまったく違う**ことでした。

ある会社では、口頭でやりとりしたことは必ず後からメールで送るという文化がありました。

それを知らず、メールを送っていなかったことを上司に指摘されました。意図を確認したところ、その人は驚いた様子で、横にいた若手の社員を捕まえて「この人はこんなことも知らないいんだって。これって常識だよな?」と同意を求めました。

その社員は「その通りです！」と大きくうなずきました。さまざまな会社に行きましたが、そんな「常識」は初めてでした。

「これは知っていて当たり前だろう」「これは常識だ」と思っていることは、往々にしてローカルルール、マイルールだったりするわけです。

押し付けられているだけのローカルルールに合わせる必要はありません。そして、そんなローカルルールに合わせられない自分を責める必要もまったくないのです。

【他者への貢献】誰のための「貢献」なのか

相手のことを喜ばせよう、相手に気に入られることを言おうという意識が染みついてしまい、「相手を喜ばせなきゃ」「笑顔にしなきゃ」ということが行動原理になってしまっている人がいます。

人に喜んでもらうこと自体はすばらしいことですが、「相手のために」というのが強迫観念になり、結果的に相手の顔色を窺うことになってしまうケースも少なくないのです。

そうなると、相手の機嫌がいいと安心していられますが、機嫌が悪いとハラハラして相手に気を使ってしまうことになります。

自分がつらくなっては意味がありません。

かくいう私も、かつては「相手を喜ばせたい」という気持ちが強い人間でした。相手に嫌われたくないという思いがとても強かったのです。

学生時代はいい成績を取って親を喜ばせたいという気持ちが強くありましたし、社会に出てからは「お客さんを喜ばせたい」「お客さんにもっと元気になってほしい」「相手の人生がよくなってほしい」という気持ちで仕事をしていました。

でも、ゼロ・リセットをしたときに「あること」に気づいてしまいました。

私は相手が喜ぶかどうかということについて、本当は興味がなかったのです。

相手を喜ばせなきゃというのは、自分の生存戦略に過ぎませんでした。

相手が喜んでいるということは、私にとっては安心感であり、心に安全なスペースを得るための手段だったので、**本当は相手のことなどどうでもよかった**のです。

その証拠に、仕事において本当にお客さんの幸せを考えるのなら、その商品やサービスを売ったあと、そのお客さんがどうなったかを追跡するはずです。ですが、そんなことは一度もしたことがありません。

実際は、お金を払ってくれる人だから気にしていた、「他人に気を配ったほうが素敵な人間である」と思い込んでいた、それだけだったのです。

そこではじめたのが、本書の冒頭で紹介したセミナー開始時の挨拶です。目の前にずらっと並んでいる受講生の方々に対して「私、みなさんに1ミリも興味がないんです！」と宣言するのです。

これを実践することで、**相手が喜んでいるかどうかの反応とは別に、自分が提供しているものを客観的に見ることができる**ようになりました。

すると、面白いことに受講生の方々も変わっていきました。

それまでは、受講生の方々が私の前でわざわざ「喜んでいるアピール」をしたり、逆に「傷ついているアピール」をしたりすることがありました。

ところが、私がそこにまったく反応をしなくなると、受講生の方々もまた、私のセミナーで自分が欲しい結果や望んでいることに集中するようになりました。

正直ベースでのコミュニケーションができるようになり、セミナーでの結果や満足度が上がったのです。

【いじめ・嫌がらせをする人】攻撃的という思い込みを捨てる

いじめ・嫌がらせは非常に難しい問題ですが、「箱理論」が一助となる可能性があります。

私自身、小学校の5、6年生あたりから中学3年生ぐらいまで、いじめに遭っていました。

殴られる、蹴られるは日常茶飯事でしたし、椅子の上に画鋲《がびょう》が置いてあったり、物を取られたり、ここには書けないようなこともいろいろありました。

学校から帰ると、制服が白くなっているのです。人に蹴られて足跡がたくさんついて白くなってしまうのです。

学校の先生は取り合ってくれませんでしたし、なんなら「いじめられるお前が悪い」という対応でした。

もちろん、ひどく悩んで、なぜ自分だけこんな目に遭うんだろうと思っていましたし、いじめる相手に心の中で常に悪態をついていました。

高校に入ったとき、この状況をなんとか変えたいと思いました。そこでまず観察をはじめました。

「いじめられる人といじめられない人がいる。この違いはなんだろう」と。

最初は、腕力がなくてケンカに弱そうな人がいじめられるのかなと思いましたが、そうでもありません。小柄でガリガリに痩せていてもいじめられない人はいるし、逆に体が大きくてもいじめられている人もいたのです。

観察を続けるうちに、当時の私は誰かが手を上げた瞬間にビクッとしていたことに気づきました。誰かが手を上げたり、誰かが足を上げたり、誰かがちょっとでも動くと**「ぼくをいじめてくるんじゃないか」と反射的にオドオド、ビクビクしていた**のです。

当時の私は、同級生みんなを「自分を攻撃してくる人」として、大きな「いじめの箱」に入れていたのです。

前述したことに関連する効果なのですが、相手を「いじめの箱」に入れると、本当にいじめてくるのです。自分が怯《おび》えた態度でいると、だんだん相手の意地悪な要素が引き出されてくるということがわかってきました。

もちろん全員ではありません。いじめをする素養を持った人がそうなるのです。他の人には攻撃しないのに、私にはいじめっ子の意地悪な面が向けられてしまうのです。

そこでいったん、相手を「いじめの箱」から出して、「ただの人」にしました。入れる箱を変えたのです。急に切り替えることはできませんでしたが、何度もやっているうちに徐々にできるようになりました。

ですが、箱を変えるだけでは不十分。同時に、自分の体が反射的に緊張するのを解消する必要がありました。

相手が近くにいるだけで、「何かやられるんじゃないか」と身構えるようなところがあったので、反応しないように意識していきました。

内心ではビクビクして怖がっているのですが、態度としては出さないようにしました。続けていると、自然と反応しなくなっていきました。

こうして、相手を脅威に感じなくなったのです。

すると、相手もいじめてこなくなりました。私に、攻撃的な部分を出さなくなったのです。

不思議なもので、「人は自分に攻撃してくる」という思い込みを捨て、「自分に危害を加える人でもないし、自分に攻撃をする人でもないし、自分にイヤな思いをさせるわけでもない」と思えたとき、現実が変わりました。

もちろん、すべてのいじめがこの方法で解決できるということではなく、あくまで私個人の体験です。子どものいじめの場合は、大人やしかるべき機関に相談することが先決でしょう。

ただ、大人の社会にもいじめや嫌がらせは存在します。その際に試してみる価値は大いにあると思います。

仕事関係

【お客さん】「利益」を得ることを忘れない

いろんな方の話を聞いていて感じるのは、利害関係がある相手に対して、自分は好意を持っている、尊敬していると勘違いしている人がとても多いことです。

ここが混乱しやすいところ。仕事にまつわる人間関係の悩みは、ほとんどここからつくり出されていると言っても過言ではありません。

その人から**利益を得ている場合、自分の生活に直結するので「どうでもいい箱」に入れられない**のです。

相手に対して「どうでもいい扱い」をしてしまうと、自分の生活が脅かされ、評価が落ち、利益が得られなくて不安になるから。

だから、相手のことが大事で、相手のことを好きだと思い込んでしまうのです。**利**

害関係があるほど、自分の気持ちや本音がわからなくなるのです。

利害関係がある相手には、「嘘の箱」が見えています。

「あの人はいい人だから」「あの人には本当にお世話になったから」というエピソードが紐づいているのです。その物語から離れられないので、自分の本当の気持ちが見えてきません。

そんなときは、いったん、その関係を見直します。

まずイメージの中で、そのお客さんを「どうでもいい箱」に入れてみてください。

さらに、イメージの中でその箱を遠ざけていきましょう。

そこで自分の気持ちがはっきりします。

「あ、本当にこの人はどうでもいい人なんだな」とわかったら、その人からどんな利益が欲しいかという点だけを見ましょう。

利益だけを都合よく得ていいのです。利益を得るためだけの行動をする。そこにはまごころを入れず、気持ちを入れません。

利益が欲しいだけなのだから、そういう接し方をすればいいのです。

【断り切れない飲み会】目的を明確にして割り切る

「どうでもいい箱」の相手とは接点を最小限にする、と前述しました。ここでよく聞かれるのが「飲み会を断れない」という事案です。

「飲み会に参加しないと評価が下がる」「トラブルが起きたときに責任を押し付けられる」といったパターンでは、飲み会を断ろうにも断れません。

本来ならば、飲み会への参加強要や、それによって評価を下げるといった行為はパワハラであり違法行為にあたります。

しかし、こういうことがまかり通っているのも事実です。

仕方なく参加すると、上司の聞きたくもない話を延々と聞かされて、まわりに合わせて空気を壊さないように盛り上がるふりをして疲れ果てるパターン。私のようにお酒の飲めない人であれば、なおさら苦痛でしょう。私も会社員だったので、その雰囲気は本当によくわかります。

まず、このような上司は、「どうでもいい箱」の人です。まさか、休日にその上司と一緒に遊びに行ったり、会社を辞めてからも飲みに行ったりしたくはないですよね。完全に「どうでもいい相手」なはずです。

そうしたら、「この人からは欲しい利益だけを得る」という観点で、その上司との関係を見直してみましょう。自分の利益だけを考えるのです。

さらに「どうでもいい箱」に入れた人には「まごころを入れない」「心を捨てる」というコツを紹介しました。本音のところでは、その上司が会社をクビになろうと、野垂れ死にしようとどうでもいいわけです。

この場合、得たい利益は「高評価」「給与」「ボーナスの査定」ですね。**「自分はそれが欲しい」とはっきり決めたら、そこに感情や気持ちを入れずに「この上司との関係は給与を得るだけの関係」とすればいい**のです。

そうやって見直した結果、**飲み会に行ったとしても、その人に対してまごころを入れず、ロボットのような感じで接することができる**ようになります。

その人との関係の中で、**必要なことだけ（この場合は飲み会に参加する）を淡々とやる**というイメージです。

友達・グループ

【友達】本当に大切にしたい人を見極める

人間関係のおかたづけをすると、ほとんどの人が「どうでもいい箱」に入ってしまい、友達が少なくなるのではないかと不安になる方もいるでしょう。

友達なんてひとりいればいい、場合によってはひとりもいなくてもいいんです。

よく「友達が多い」と自慢している人がいますが、それは本当に友達でしょうか。「ただの知り合い」ではないでしょうか。

おかたづけをした結果、ほとんどが「どうでもいい人」になってしまったとしても、全然OKです。

前にも触れたように「ほとんどがどうでもいい人」であれば、**逆に本当に大切にし**

たい人を見極められます。あなたが本当に大切にしたい人を大事にできるようになるのです。

【グループでの集まり】自分が得たい楽しさだけを追求する

イベントやプロジェクトに参加する際、それ自体は楽しくて積極的にやりたいけれど、「一緒に参加する人が苦手」ということがありますよね。

これは、その参加する人が「どうでもいい箱」の人だということです。

「イベントの楽しさ」という利益は欲しいけれど、その人との関係が楽しいわけではない。これはよくあるケースです。

また、そのあたりを混同してしまっている場合もあります。

一緒に楽しいイベントに取り組む人なのだからと「一緒に過ごしたい箱」に入れてしまったものの、よくよく心の中をのぞき込んでみたら「イベント自体が楽しい」のであって、「その人と一緒にいることが楽しい」のではないというケースです。

「一緒に過ごしたい人」は、そんなイベントやプロジェクトなど抜きにして、「この人といると楽しい」と感じる人のことです。

カフェでお茶しているだけでも楽しい人です。**イベントがなければその人と一緒に過ごそうとは思わないなら、「どうでもいい箱」に入れる人**なのです。

イベントやプロジェクトの楽しさを得るのが目的だと自覚すれば、その相手とどのような関わり方をすればいいかは自然と見えてきます。**まごころを入れず、その接点だけで関わる**のです。

自分が得られる楽しさだけを追求してかまいません。

相手を楽しませようということにまごころを入れる必要はありません。ただし、戦略的に考えて、相手に楽しい気持ちになってもらうことが重要であれば、その対応をしていきます。

「そんなことをしたら相手に悪い」と思う人もいますが、むしろ逆です。

戦略的に相手を思い切り楽しませてあげようと思うと、**いい意味で開き直ることができ、十二分にホスピタリティーを発揮できる**ものです。

相手を戦略的に楽しませることがうまくいくと、必要以上に好かれてしまうことがあります。あなたとの距離が近づいたような錯覚を与えてしまって、相手に勘違いが生まれる可能性があるのです。ですが、**「どうでもいい箱」に入れている人からの好意は「どうでもいい」**のです。「自分のことを好きなんだな」と思うだけでいい。

利益を得る部分以外は必要ないので、好意を持たれても、心を動かされる必要はありません。

「どうでもいい人」から好意を持たれて、お茶や食事に誘われた場合、断るコツは前述の「キャラ設定」です。「私はそもそも人とカフェに行かない人なんです」という体で接するのです。

その時々で最適なキャラをつくって接すればＯＫです。

子ども・家族

【子ども】親の義務からいったん離れる

子育てをしている人から、「子どもが大きくなるまでは自分の好きなことができない」という相談を受けることがあります。

この悩みは、「母親」「父親」という箱があって、「親たるもの、こうあるべき」という、その箱に紐づいたルールを持っているために起こるのです。

と同時に、子どもを生まれたときから「子どもの箱」に入れてしまっていることも影響しています。まずはいったん、「子どもの箱」から子どもを出してしまいましょう。

そうすることで、親として、**子どもに対して「せねばならない」という義務感があったことに気づくはずです。**

子どもへの義務感が消えていくと、子どもをただひとりの人間として見るようになります。

純粋にひとりの人間として子どもを見たときにどう感じるか、その思いのままに新しい箱に入れましょう。もし「どうでもいい」と感じたら、そこに一度入れてしまいます。そこで客観的に眺めることで、自分の本音が見えてきます。

【家族】生まれ育った家庭の影響を自覚する

あらゆる人間関係の中でも、もっとも人生への影響が大きいのは**生まれ育った家庭**です。

両親や保護者は「関係の箱」の雛形で、物心がつく前にできてしまうため、一番見えにくい箱とも言えるでしょう。「家族の箱」はもっとも影響が大きいのにそれを自覚できない、かなり手強いものと言えます。

親自身も自分の親から影響を受けていて、なかには代々引き継がれているルールが紐づく歴史のある箱もあります。

親といっても、自分とは違う人間です。世代も、性格も、経験も、数えはじめたらきりがないほど異なります。

私の実家では、食事のあと、お茶やコーヒーを淹れて、ひとやすみして団らんの時間を持つという習慣がありました。

結婚してすぐのことです。夕食のあと、実家でしていたのと同じように「ふうー」とひと息ついていたところ、妻に「なんでゆっくりしているの？　食べ終わったのならテーブルの上を綺麗にしてね」と言われてビックリ。食事が終わってダラダラしている私が信じられなかったようです。

その後、妻の実家で食事をしたとき、食事のあと、すぐにテーブルを綺麗にすることが当たり前のように実行されていて、その違いに気づきました。

どちらが正しいというわけではなく、文化や習慣の違いです。

今では、食事が終わったらすみやかにテーブルをかたづけ、それが終わってから一緒にゆっくりお茶を飲むという、両方をミックスした新しい習慣を生み出しました。これが私にとっても妻にとっても、一番居心地がいいのです。

多くの人は、生まれ育った環境の「家族の箱」を持っています。そして、両親には合っていても、自分とは合わないルールがあります。そのため、自分や新しく一緒に暮らす人にとって、**もっとも気持ちのいいオリジナルの箱をデザインし直すこと**が大事です。

恋愛・特別な関係

【恋愛】2人だけのオリジナルな関係をつくる

前述のように恋愛は、非常に多くの囚われの箱ができてしまいやすい分野です。付き合ったときに相手を「恋人」「彼女」「彼氏」といった箱に入れてしまったり、さらに「彼（彼女）だったらこんなことをしてくれるはず」という無意識のルールを紐づけているのです。

そのルールは自分だけのもので、相手が期待に応えてくれないとがっかりしたり、相手を責めたりしてしまうのです。

結婚すると、相手を「家族」「妻」「夫」といった箱に入れ替えることとなり、そこではじめて表面化するルールが出てきます。

恋愛が人生の中でも大きなウエートを占めれば占めるほど、相手に対する期待は大きくなり、それを得られなくなると、心に受けるダメージが大きくなるのです。ルールのすれ違いによっては、険悪な関係にもなってきます。

大切な相手だからこそ、「箱」で見ないことが重要です。「恋人」「彼女」「彼氏」といった箱から取り出して「ひとりの人間」としてお互いに気持ちよく過ごせるルールや生活リズム、文化をつくっていきましょう。

【特別な何かを感じる相手】無理に近づかずタイミングを待つ

とても気になる人がいるけれど、相手はこちらにまったく興味がない様子……。

このような場合はどうすればいいのでしょうか。

「理由なく惹かれる相手」とは、必ずしも「会った瞬間にウマが合って関係が深まっていく」わけではありません。相手がこちらに興味を示さない場合もあるでしょう。

その場合、「今は、タイミングではないんだな」「いったんちょっと放置しよう」と思えるかどうかがポイントです。

自然とそういう感覚になれる相手こそが「理由なく惹かれる人」なのです。

「理由なく惹かれる相手」は、「今はこの人とこれ以上近づくべきではない」という

ことを感受できて、そこでさらっと離れることができる、結論を急がず、タイミングを待つことができる相手なのです。

今は具体的な接点がなくても、どこかで繋がっていくという確信が持てるから、今すぐ何かが起こらなくても大丈夫、と落ち着いていられます（それができなければ、いったん別の箱に入れます）。

これを意識していくと、誰を「理由なく惹かれる箱」に入れるか見分けられるようになります。

Chapter 6

あなたの人生が劇的に変わる運命的な関係の人

思いもよらぬ出会いがあなたを待っている

「ひとめ惚れ」は離婚が少ない？

Ｃｈａｐｔｅｒ３で「理由なく惹かれる箱」に入れた相手とは、「一緒に何かをクリエイトする関係」になると述べました。

「理由なく惹かれる相手」は、その相手との間に何らかのシンクロが起きる、「運命的な関係の人」でもあるのです。

ここでは運命的な相手とどのように関係をつくっていけばいいか、考えていきたいと思います。

アメリカのある調査によれば、アメリカの平均離婚率は通常だと約50％なのだそうです。ところが男性からひとめ惚れした場合の結婚では離婚率は20％以下、女性からのひとめ惚れでは、なんとわずか10％以下になるというのです。

要は、**ひとめ惚れで結婚した場合には、8～9割が離婚をしない**ということです。

ひとめ惚れでは、相手の人格、性格、ライフスタイル、趣味や価値観を知る前に惹かれているので、**まさに理由なく惹かれる相手**と言えます。その相手こそが、人生における大切なパートナーになりうるのです。

私の会社の理事をしてくれている女性の話です。

彼女はある男性と出会ったのですが、**なんと出会ったその日に「私と結婚を前提にお付き合いしてください」と言われた**そうです。

当初は「この人は何を言っているのだろう」と戸惑ったそうですが、結局は彼の言う通りに付き合うことになり、お付き合いを続けるうちに結婚することになりました。

そこからもう8年が経ち、今では可愛いお子さんにも恵まれて、仕事も含めてお互いに応援し合うパートナーになっています。

まさに**この関係が「運命的な関係の人」**です。

常識を打ち破るほどインパクトのある存在

「理由なく惹かれる」のは、相手の存在そのものに惹かれるのであって、条件ではあります。なぜかわからないけれど胸がドキドキしたり、無性にワクワクしたりするといった反応が起こります。

場合によっては、その人と話すと勝手に涙が出る、感動がずっと消えない、他の人にはない高揚感が続くなど、不思議な現象も起こります。

なぜか気になって、その理由を探すために関係をつくりたくなります。「一緒に何をしたいか」はもはや口実にすぎず、「その人と何かを一緒にやる」こと自体が大切になってきます。

このような相手は、あなたが抱えてきた箱を壊してくれる人でもあります。

これまでの常識の範囲で相手を「こういう箱に入れよう」と考えても、その箱に収まりません。箱を壊してしまうのです。

そして、ただ箱を壊すだけではなく、新しい箱を生み出してくれる人でもあります。その人と一緒に新しい世界をクリエイトするというイメージです。

あなたが「理由なく惹かれる箱」に入れた人と、どんな関係が生まれていくか、探しにいきましょう。

その人との間に生まれる何かを楽しみに

まずは、その相手と話をしたときに「気分が盛り上がる」「楽しいな」といった、**あなたが受け取る感覚**に注目していきます。

気持ちが特に盛り上がるところや、噛み合わないところなども含めて、すべてを観察してみましょう。

ここでのポイントは、**今までの枠にはめないこと**です。

「理由なく惹かれる相手はあなたの箱を壊す相手」だと言いました。枠にはめることなく、相手との間で何が起きているのか、相手との間で何が生まれているのかを見ていくのです。**関係をあらたにデザインしていくイメージ**です。

「この人との間にはどんなコミュニケーションが発生しているのかな」「どういった気持ちが湧いてきているのかな」など自分に問いかけて観察していくうちに、その人との間に生み出されるものが、あるときから見えてくることがあります。

それがすぐに見つからなくても、慌てなくて大丈夫です。

自分の今までの枠にはめることなく
相手との関係をデザインしていく

私の場合には、一緒に本をつくるパートナー、一緒にコミュニティを盛り上げるパートナー、一緒に子どもを育てるというパートナー、哲学的な分野で深め合うというパートナーがいます。

なぜその相手に惹かれるのか、その人と関係をつくって、シンクロすればするほど見えてくるのです。

運命を形にするために知っておいてほしいこと

勇気を持って一歩踏み出し、夢を叶える

「理由なく惹かれる相手」は、一緒にやりたいことをする、生み出していくという「夢を叶えるパートナー」でもあります。

一緒に夢を叶えるわけですから、惹かれる相手であればあるほど、関係を深めるのが怖いという感情も襲ってきます。

こちらの一方的な勘違いじゃないかとか、近づいたことで相手との関係が悪くなるんじゃないか、嫌われるんじゃないか、あるいは関係が切れてしまうんじゃないかなど、いろいろと不安になります。

これが「どうでもいい相手」であれば、嫌われてもまったくかまわないのです。

ですが、理由なく惹かれる相手には嫌われたくない。だから関係を深めるには勇気

がいります。

でもちょっと考えてみてください。惹かれているということは、それこそが「そこに飛び込んでしまいましょう」というもっとも重要でシンプルなサインです。

「何かを生み出す」ために、勇気を持って一歩踏み出してみませんか？

勇気を持って踏み出して、関係を深め、新しい関係をつくっていく。

あとになってから、なぜこの人だったのか、なぜ惹かれたのかが、腑に落ちるはずです。

失敗するとしたら、理由は3つ考えられます。

ひとつは、単純にその相手が運命的な関係の人でない場合。あるいは、運命的な関係の人ではあっても、タイミングが「今」ではない場合。もうひとつは、踏み込み方が中途半端で、相手に伝わっていない可能性もあります。

何が原因か、よくよく考えて関係を見直してみてください。

予感と直感を信じて待つのも必要

私もこの「運命的な関係の人」を意識するようになってから、いい関係を築くことができた人が何人もいます。

そのうちのひとりは、SNSで気になっていた人です。なぜか気になっていたのですが、まさに関係をつくるのが怖くて、友達申請ができませんでした。その期間はなんと3年にも及びました。

ある日、なんとなく直感があって申請したら、相手から「ビックリしました！」と返信が来ました。ちょうど私から申請が来るような予感があったそうなのです。

その時点では形式的な挨拶をして、そこからまた3年間、お互いに何もやり取りをしませんでした。

あるとき、イベントをやることになり、なんとなく「今がタイミングかな」と思ってその人に声をかけたところ、「ぜひ！」と快諾していただきました。

そのイベントは非常に盛り上がりました。

そこから、「タイミングが合うな」と思ったときに、その人に声をかけては一緒に何かを行うという関係が続いています。

本当に運命的な関係の人というのはこういう関係なのです。

この本をつくるときにもシンクロがありました。

何年も前から私の配信をずっと見てくれていた方なのですが、直接の接点ができたのは実は最近のことです。その人は、私との間に「何か起こりそう」と思ってくれていたそうなのですが、私に直接コンタクトを取ることがとても怖かったそうです。

でもちょうどこの本の内容を配信したときに、その人がその内容を資料としてまとめてくれたのです。

その資料を見ながら、本書の中身を整理することができました。つまり、その人とこの本を共同で創造していることになります。

そうするとやはり、**その人が抱いた「何かがある」という予感が正しかった**ということがわかります。

相手との間に何が起こるのか、それがわからない間は落ち着かないものです。ですが、経験を重ねることでだんだん落ち着いて構えることができるようになってきます。

しっくりくる名前をつけてみよう

こうして理由なく惹かれる相手との関係が見えてきたら、**それぞれの関係に名前をつけてもいい**でしょう。

私の場合は**「一緒にセミナーをつくる関係」「一緒にライブ配信を盛り上げていく関係」「一緒に家庭をつくっていく関係」**と、それぞれに名前をつけてラベリングしています。

このラベリングは、不変ではありません。

「相手とどこかで繋がっている」ということが一番大切なので、「どこか」はその時々の感覚によって変化してもかまいません。

相手との関係を見つつ、一番気持ちよく落ち着けるよう、更新してください。

「そのとき」を逃さずしっかりつかむ

必ずタイミングがやってくる

いずれにしても、運命的な関係の人との間には、**必ずシンクロが起こって「今だ！」というタイミングがあります。**

本の編集者さんともそういう関係です。

今まで複数の出版社さんで何冊かの本を出していますが、当然、つくるときは編集者さんと密に連絡を取り合って一生懸命つくります。

一連の作業が終わると連絡を取らなくなりますし、お互いが今どうしているか、まったく気にならないわけではないけれど、特に意識することなく過ごしています。

そしてしばらくすると「あ、このタイミングだ」と感じることがあります。そこで連絡を取ると、向こうも「ちょうど今、連絡をしようと思ってたんです！」となって話が進んでいきます。もちろん、先方から連絡がきて、話が進むこともあります。

慣れてくればくるほど、タイミングがピッタリ合うようになります。

今を懸命に生きていれば「いつか」はきっとくる

「理由なく惹かれる相手」との関係性は、タイミングが最大のポイントです。相手が気になるのはわかりますが、下手に踏み込んでいって関係が悪くなったりしてはもったいない。最悪の場合、関係性自体が壊れてしまうこともあります。

クリエイティブなことが起こる予感や予兆はあったとしても、それは「今」ではなく、「いつか」なのかもしれません。

「この人と何かある」と思っても慌てる必要はなく、「この関係からどんな展開が起こるんだろう」と観察している姿勢でいいのです。数年待つこともあるでしょうし、「一生涯のどこかで何かがあるのかな」ぐらい気長に待っていてもOKです。日常では忘れているくらいがいいでしょう。

あるいは、「仮に来世があるならば、来世でもいいかな」というくらい気軽に構えていていいのです。

今現在接点がある人と一緒にやっていることに集中していれば、いつか「このタイミングだ」というときが訪れます。

Column

私も「人間関係のおかたづけ」をやってみました！

●50代女性

「全員をいったん『どうでもいい箱』に入れる」ということがとてもしっくりきました。相手のことをよくわからないうちから、特別な箱に入れてしまうから、期待したり、勝手に裏切られたと思ったりしてしまうのですね。

「どうでもいい箱」に入れた人にどうでもいい対応をされても、まったく影響を受けないことがわかって、とても気楽になりました。

●40代女性

自分らしく人間関係のおかたづけができました！　やり方を知ることで安心してかたづけることができました。わかりやすいやり方を知ることができてよかったです。

ますます人間関係が快適になっています♪

●40代女性

もともと人間関係に悩みやすいほうなのですが、この概念、考え方を知って衝撃を受けました！　今まで悩んでいたことが嘘のようです。もう人間関係で悩まずに生きていけそうです！

●30代男性

おかたづけに取り組みはじめた当初は、箱を分けようという意識が必要ですが、慣れてくると意識せずともできるようになってきました。そしてそれぞれの箱のお陰で人間関係のストレスが大きく減ってきたのを実感しています。

●40代女性

会社の苦手な上司を「どうでもいい箱」に入れてみたら、些細なことが気にならなくなりました。今後は自分のエネルギーをイヤな人に取られないように生きていくことができそうです。

●40代女性

「理由なく惹かれる箱」の人は、なぜ惹かれるのかという理由がわかると、その人だけの特別な箱ができるというのが、よくわかりました。自分が人生を通してやりたいことに関わっているほうが多いように思います。

●50代女性

とってもわかりやすくて、すぐに生活の中に取り入れられました。人生がスッキリした感じで、気持ちよくなりました！

●40代女性

距離を置きたい人を「どうでもいい箱」と言葉にしてポコッと入れるようになりました。

そうすると、その人と交流するときも、いい人ぶらず毅然《きぜん》とした態度で関われるようになってきました。

あと、特別な箱に入れていた人がある講座のスタッフを募集していたので、そこに参加してみたところ、その部門のサブリーダーに抜擢《ばってき》されるという展開に。何の肩書きもなかった私が任されたことが意外でした。最初はその人との関わりも不安でしたが、少しずついい関係が築けてきています。

●60代女性
私に対して悩みを打ち明けているのか、不満のはけ口にしているのかわからない人に困っていました。箱を設定して自分の立ち位置を決めたことで、スッキリ気持ちよく対応できるようになりました。

●50代女性
他人にはバレない心の中の箱に分別するだけで、相手に対する自分の本音がわかるようになりました。今まで余計なエネルギーを使っていたことに気づきました。「箱理論」を使ったことで精神的にすごくラクになりました。

●50代女性

義父の葬儀に出ないという選択をしました。どうでもいい親族とぶつかることに意味が見出せず、罪悪感なく、みんなが納得する方法で、不参加としました。その代わりに義父のことを本当に大切に思うメンバーだけで、葬儀前日にひそかに集まって見送ることができました。

●40代女性

いったん感情を抜きにして、人間関係を分類するという考え方が目から鱗《うろこ》でした。

●40代女性

ストレスに感じる人の対処の仕方がわかって、心が軽くなりました。実際にやってみて、かなりストレスがなくなっているのを実感しております。

●50代女性

今までは人に誘われたときに、「時間があるから」という理由で会ってきました。でもコロナでそれをやめてみました。断る理由ができたおかげで、本当に会いたい人かどうかを自分に確認してから会うようにしたことで、自分の時間ができたことは大きな収穫でした。今まで無理をしている部分もあったのに、その自覚がなかったことにも気づくことができました。人に会いたいというより寂しいだけだったり、いい人でいたいだけだったみたいです、私。

●50代女性

楽しい人のはずが会うと苦しくて、なぜ？　と思っていました。「箱理論」で仕分け方を間違っていたことに気づきました。

その人を「どうでもいい箱」に入れ、さらに「自分にとっては不必要な人」というラベルを貼ったら、その人と縁が切れました。

今、職場に「この人は自分には不必要だな」と思う人がいるのでまたやってみようと思います。

●40代女性

「人間関係のおかたづけ」をして実感したのは、自分が思っている以上に相手を決めつけていたことでした。「こうであってほしい」という理想を相手に押し付けていたことに気づいたのはとっても大きかったです。

「理由なく惹かれる相手」というのは感覚的に理由なく惹かれてしまうだけであって、「特別な人」だから惹かれるわけではないんですよね。

先に「この人は特別な人だ」と決めつけてしまうことで、もう何も感じていないのに無理やり関係を続けようとして、大切なことが見えなくなってしまっていることに気づきました。特別でいてほしいからサヨナラできないでいて、逆に自分を傷つけていたんだなって思いました。

●40代女性

「たとえ家族であっても自分にストレスを与えるのであれば、どうでもいい存在」という言葉に救われました。

家族だから愛さなければいけない、母親に対してこんなふうに感じてはいけないと長年自分を責めてきました。ですが、私にとって母親とは「どうでもいい箱」にしか入れられないし、入れたくない存在なのです。

はじめは罪悪感がありましたが、仕分けるのに感情は不要で、淡々と仕分けすることもポイントだと教えていただき、スッキリ仕分けすることができました。ありがとうございます！

●40代男性

結論としては、上司と距離を置くことができ、冷静にコミュニケーションができるようになってきたと思います。

あまりコミュニケーションを取りたくない上司と、ある程度、距離を置くことができるようになりました。

情を完全に捨てることはできませんでしたが、客観的というか、冷静に仕事上の関係と見ることで、心がラクになった気がします。

また、一方的に言われっぱなしになるのではなく、感情的にならず、冷静に意見を交わすことができるようになってきたと思います。

●30代男性

簡単にお話しすると、おかたづけで自分の人生の流れの「つまり」がとれ、いつのまにかより心地よい人生に変わっていった、という変化がありました。

過去に起業家を目指し、たくさんの人脈を求めていろんな人に会いに行っていた時期がありました。ボランティアなどの活動に参加したり、必要なら飛行機で県外に飛んで行きました。お金もないのに！

あるとき、人脈を増やしているはずなのに「何かが乾いてきた感覚」があり、一気に体調を崩すという出来事がありました。それから「いったん、すべてリセットしよう」と考え、人間関係についてもおかたづけをしました。

するとスッと軽くなった感じがして、何かが動き出す感覚がありました。「今はこれ」「今はこれ」と流れにのる感覚。かつ、「これは今は違うかも」と人間関係以外のことも必要以上に背負わない、溜め込まない習慣が少しずつ身についてきました。

おかげで人生の流れがすっきりして、出会うべきときに出会うべき人に出会える感覚が持てました。かといってフワフワしすぎず、他人任せではなくて自分が自分らしく動いたときにこそ、そして自分の心にまっすぐ行動したときにこそ、その流れがぐんと加速するということに気がつきました。

振り返ると、人間関係のことなのに、それが仕事や人生全般に波及していたのですね。

おわりに

あなたが人間関係を煩わしく感じるのは、どんなときでしょう？

自分の想いや考えていることが伝わらない。余計なことをどんどん押し付けられていく。自分のやりたいことではなく、「やるべきこと」が増えていくばかり……。

さまざまなことがあると思います。

かくいう私も、そんなふうに自分の抱えているものに押しつぶされそうな頃がありました。

でも、それは決して**「人間関係そのもの」がイヤだったわけではなく、むしろ、人との繋がりを必要としていたからこそ、逃げることもできずに縛られていた**とも言えるのです。

そして心の奥底の純粋な想いとして**「どこかに本当に素直に打ち解けられる関係があるのでは」**と求め続けていました。

もし、あなたもそんなふうに少しでも感じるのであれば、「心の箱」を外すタイミングが来ている可能性があります。

私は古神道専門家の土御門兼嗣さんや能楽師の森澤勇司さんといった、日本の伝統文化に精通されている方々と親しくお付き合いさせていただいているのですが、その中で実に多くのことを学びました。

そこで気づいたのは、日本人は古来、どんな人であっても「心の箱」を脱げば、その中に「純粋で透き通った心」があるという考え方を持っていたということです。

「人間」という言葉を広辞苑で引くと、「人の住む所。世の中。世間。じんかん」と最初に出てきます。

私たち日本人はもともと、ひとを個人としてではなく、「ひと」と「ひと」との「間」として意識していたのだと思います。

今、この本をお読みの「あなた」と「私」にも「間」があります。

同じように「あなた」と「誰か」が触れ合うときには、常に「間」が発生しています。

本書では、「理由なく惹かれる」という感覚について解説をしています。**「理由がない」ということは、そこには打算や計算がない**ということです。ただ、「その相手に惹かれている」という事実のみが存在しています。

それは、**相手との間を「心」で感じるということ。**つまり**「まごころ」で接することで、その相手と出会った意味が理解できていく**と思うのです。

本書を生み出す過程において、私は、**読者である「あなた」との間を心で感じ、まごころで接するためにどうすればいいか**と考えました。

そこでベストだと思った手段が、私自身が「理由なく惹かれる」とお互いに感じ合える人たちとライブ配信をしながら、その対話をまとめることでした。

対話を書き起こしてくれたのも、「プロの業者」ではなく、やはり「理由なく惹かれる」と感じ合っている仲間たちです。

また原稿に一緒にまとめあげてくれた編集チームのメンバーも不思議なほどにイメージが瞬時に共有される方たちです。

この本自身が「理由なく惹かれる箱」で構成されているメンバーによって生み出されたわけです。

もし、**あなたが本書を手に取ったとき、「理由なく惹かれている」**のであれば、**本書は確実にあなたにとっての運命の出会いとなる**ことでしょう。

もちろん、本書の内容が「なんとなく」でしか理解できていないという場合でもご安心ください。

下記のＱＲコードから登録していただくと、３日に１回、「人間関係のおかたづけ」について、メールが届きます（※本件は予告なく終了する可能性があります）。

本書の内容が、少しずつ届くように工夫されています。自分のペースで振り返ったり、落とし込めるようになっていますので、ぜひご活用ください。

https://book.ningen-kankei.jp/gift

「人間関係」は、今後もあなたが生きている限り、もっとも大きなテーマになり続けることでしょう。

本書は、**「その瞬間の人間関係」をその時々で捉え直して、自分にとってもっとも**

心地よいものにできるような内容になっています。
これから先、末永くあなたのパートナーとして手元に置いていただけたら嬉しいです。

堀内恭隆

堀内 恭隆（ほりうち　やすたか）

第六感の専門家／ライバー作家。1976年生まれ。一般社団法人LDM協会代表理事。株式会社シンクロニシティ・マネジメント代表取締役社長。ライブ配信をしながら視聴者を巻き込んで対話をし、本やセミナーコンテンツ、プロジェクトの企画など、さまざまなものを生み出して発表している。社会実験として、さまざまな人が自分の得意とする領域の知識やノウハウ・技術を持ち寄り、共同体としての事業を営み、発展させていくビジネスエコシステム（事業生態系）を研究開発。ライブ・動画配信、SNS運用、デザイン、配送、コンテンツ開発、事務などさまざまな業務をパートナー企業に導入している。インスピレーション力を磨くことで、その人ならではの感性や能力によって理想の人生を実現する「ＬＤＭ（ライフ・デザイン・メソッド）」を開発し、受講者は1万人を超える。ビジネスや仕事の仕組みを工夫し、月に2日程度働き、あとは家族とゆっくり過ごす自由なライフスタイルを送れるようになる。2人の娘の父親。著書に『奇跡のようにお金が流れこんでくるシンクロニシティ・マネーの法則』（KADOKAWA）、『ベストパートナーと宇宙一カンタンにつながる方法』（WAVE出版）、『夢をかなえる人のシンクロニシティ・マネジメント』（サンマーク出版）など。

最新の情報はこちら https://lit.link/horiyasu

人生《じんせい》を変《か》える新《あたら》しい整理整頓術《せいりせいとんじゅつ》

人間関係《にんげんかんけい》のおかたづけ

2023年3月14日　初版発行

著者／堀内《ほりうち》 恭隆《やすたか》

発行者／山下 直久

発行／株式会社KADOKAWA
〒102-8177　東京都千代田区富士見2-13-3
電話　0570-002-301（ナビダイヤル）

印刷所／大日本印刷株式会社

●お問い合わせ
https://www.kadokawa.co.jp/（「お問い合わせ」へお進みください）
※内容によっては、お答えできない場合があります。
※サポートは日本国内のみとさせていただきます。
※Japanese text only

定価はカバーに表示してあります。

ISBN 978-4-04-605809-6　C0095